Todo sobre la comunidad de propietarios

Julia Infante Lope

TODO SOBRE LA COMUNIDAD DE PROPIETARIOS

dve
PUBLISHING

Colección dirigida por David Siuraneta Pérez, abogado colegiado.

© Editorial De Vecchi, S. A. 2018
© [2018] Confidential Concepts International Ltd., Ireland
Subsidiary company of Confidential Concepts Inc, USA
ISBN: 978-1-64461-151-7

Índice

Prólogo

La presente obra, que se halla totalmente adaptada y actualizada a la reforma de la Ley sobre Propiedad Horizontal llevada a cabo mediante la Ley 8/1999 de 6 de abril, así como a las posteriores modificaciones de los años 2000 y 2003, tiene por objeto estudiar y analizar este modo de propiedad que, según el Código Civil, recae sobre los diferentes pisos o locales de un edificio o las partes susceptibles de aprovechamiento independiente, que tienen salida propia a un elemento común de aquel o a la vía pública, y que conlleva inherente un derecho de copropiedad respecto a los elementos comunes del edificio.

La propiedad horizontal fue objeto de regulación mediante la Ley 49/1960 de 21 de julio y, tras las modificaciones de los años 1988, 1990 y 1992, como se acaba de indicar, fue reformada en su práctica totalidad mediante la Ley 8/1999, de 6 de abril (Boletín Oficial del Estado de 8 de abril), denominada «Reforma de la Ley 49/1960, de 21 de julio, sobre Propiedad Horizontal», en vigor desde el día 28 de abril de 1999. Posteriormente, la Ley de Enjuiciamiento Civil del año 2000 y la Ley de Igualdad de Oportunidades, no Discriminación y Accesibilidad Universal de las Personas con Discapacidad del año 2003 han introducido algunas importantes modificaciones al texto inicial.

La propiedad que afecta a las comunidades de vecinos, es decir, la propiedad horizontal, constituye, sin duda alguna, una de las ramas jurídicas sobre la que más discuten los especialistas, y acerca de la que se han escrito más monografías. El presente manual, lejos de ser una obra doctrinal, pretende exponer de forma clara y práctica los conceptos más importantes que envuelven esta materia.

9

El lenguaje que se ha utilizado es sencillo y, en las ocasiones en que esto no ha sido posible, a continuación de la expresión jurídica se ofrece un breve comentario con palabras más claras y usuales, así como un glosario que, a buen seguro, será de frecuente consulta.

La finalidad eminentemente divulgativa de este manual queda también demostrada por la reproducción de diversos modelos de documentos y de escritos de enorme trascendencia práctica, todos ellos totalmente actualizados a la normativa vigente.

Por último, solamente queda señalar que esta obra nunca puede sustituir el consejo de un especialista en propiedad horizontal, aunque puede ser útil para ofrecer una idea general acerca de la materia o servir de pauta para solucionar algún que otro problema o una duda concreta que se pueda plantear.

Antecedentes históricos

La finalidad de la Ley sobre Propiedad Horizontal (LPH) es la de fijar unas reglas a las que deben atenerse los vecinos a fin de prevenir y, en la medida de lo posible, evitar las lógicas discrepancias que surgen de la coexistencia en un mismo espacio físico de dos clases distintas de propiedad:

— una propiedad de carácter pleno que cada uno de los titulares ostenta sobre su propio piso o local;
— una propiedad compartida con todos y cada uno de los restantes vecinos y que recae sobre los elementos o servicios comunes del edificio.

La propiedad horizontal

Según algunos autores, podrían buscarse los antecedentes más remotos de la propiedad horizontal en la época anterior a la Era Cristiana.

Parece que en la Edad Media fue bastante conocida una institución que, por sus similitudes, ha sido considerada en muchas ocasiones como un antecedente de la actual propiedad horizontal.

Se sabe con toda exactitud que a partir del siglo XVI esta forma de propiedad estaba admitida, pero no es hasta épocas mucho más recientes (a principios del siglo XX, más concretamente a partir de 1918, tras la primera guerra mundial) que la situación económica experimentó un brusco cambio, cuando la vivienda pasó a ser un verdadero problema. El gran número de viviendas destruidas por la guerra y la creciente carestía de la construcción, unido al aumento de la población por los avances médicos y científicos fueron la razón principal por la que los distintos gobiernos de Europa (escenario de la primera gran conflagración mundial) se vieron obligados a adoptar medidas al respecto.

En España, a mediados del siglo XX, se llevó a cabo un importante crecimiento en la construcción de viviendas, y debido a que la vigente legislación arrendaticia no favorecía los alquileres, muchos de estos edificios se destinaron a la venta.

La primera ley que reguló en España el régimen de la propiedad horizontal es del año 1960.

Hasta el año 1960 la situación legal derivada de la división de fincas por pisos se regulaba sólo por el artículo 396 del Código Civil, lo que resultaba insuficiente. Así, el 21 de julio de 1960 se promulgó la Ley 49/1960 de 21 de julio, sobre Propiedad Horizontal, que fue reformada en distintos aspectos los años 1988 (Ley 2/1988, de 23 de febrero), 1990 (Ley 3/1990, de 21 de junio) y 1992 (Ley 10/1992, de 30 de abril).

El largo periodo de vigencia de esta ley demostró su utilidad en muchos ámbitos, pero también es cierto que, con el paso del tiempo, habían surgido nuevas aspiraciones de la sociedad en materia de regulación de la propiedad horizontal, cuyo resultado fue la promulgación de la Ley 8/1999, de 6 de abril, de Reforma de la Ley 49/1960, de 21 de julio, sobre Propiedad Horizontal. Con posterioridad, algunos aspectos han sido objeto de modificación: en concreto, mediante la Ley 1/2000, de Enjuiciamiento Civil (BOE de 8 de enero) y la Ley 51/2003, de 2 de diciembre, de Igualdad de Oportunidades, no Discriminación y Accesibilidad Universal de las Personas con Discapacidad (BOE de 3 de diciembre).

Articulado vigente de la Ley sobre Propiedad Horizontal

La Ley sobre Propiedad Horizontal ha sufrido modificaciones en distintas ocasiones, sobre todo la que se llevó a cabo en 1999.

Por su gran importancia, reproducimos a continuación el articulado de la Ley sobre Propiedad Horizontal después de la reforma que ha supuesto la Ley 8/1999, pero teniendo en cuenta las modificaciones posteriores.

12

Capítulo primero. Disposiciones generales

Artículo 1.º «La presente ley tiene por objeto la regulación de la forma especial de propiedad sobre los pisos y locales de negocio establecida en el artículo 396 del Código Civil, que se denomina Propiedad Horizontal».

Art. 2.º «Esta Ley será de aplicación:

»*a*) A las comunidades de propietarios constituidas con arreglo a lo dispuesto en el artículo 5.

»*b*) A las comunidades que reúnan los requisitos establecidos en el artículo 396 del Código Civil y no hubiesen otorgado el título constitutivo de la propiedad horizontal.

»Estas comunidades se regirán, en todo caso, por las disposiciones de esta ley en lo relativo al régimen jurídico de la propiedad, de sus partes privativas y elementos comunes, así como en cuanto a los derechos y obligaciones recíprocas de los comuneros.

«*c*) A los complejos inmobiliarios privados, en los términos establecidos en esta ley».

Capítulo segundo. Del régimen de la propiedad por pisos o locales

Art. 3.º «En el régimen de propiedad establecido en el artículo 396 del Código Civil corresponde al dueño de cada piso o local:

»*a*) El derecho singular y exclusivo de propiedad sobre un espacio suficientemente delimitado y susceptible de aprovechamiento independiente, con los elementos arquitectónicos e instalaciones de todas clases, aparentes o no, que estén comprendidos dentro de sus límites y sirvan exclusivamente al propietario, así como el de los anejos que expresamente hayan sido señalados en el título, aunque se hallen situados fuera del espacio delimitado.

»*b*) La copropiedad con los demás dueños de pisos o locales, de los restantes elementos, pertenencias y servicios comunes.

»A cada piso o local se atribuirá una cuota de participación con relación al total del valor del inmueble y referida a centésimas del mismo. Dicha cuota servirá de módulo para determinar la participación en las cargas y beneficios por razón de la comunidad. Las mejoras o menoscabos de cada piso o local no alterarán la cuota atribuida, que sólo podrá variarse por acuerdo unánime.

»Cada propietario puede libremente disponer de su derecho, sin poder separar los elementos que los integran y sin que la transmisión del disfrute afecte a las obligaciones derivadas de este régimen de propiedad».

Art. 4.º «La acción de división no procederá para hacer cesar la situación que regula esta ley. Sólo podrá ejercitarse por cada propietario proindiviso sobre un piso o local determinado circunscrito al mismo, y siempre que la proindivisión no haya sido establecida de intento para el servicio o utilidad común de todos los propietarios».

Art. 5.º «El título constitutivo de la propiedad por pisos o locales describirá, además del inmueble en su conjunto, cada uno de aquellos al que se asignará número correlativo. La descripción del inmueble tendrá que expresar las circunstancias exigidas en la legislación hipotecaria y los servicios e instalaciones con que cuente el mismo. La de cada piso o local expresará su extensión, linderos, planta en que se hallare y los anejos, tales como garaje, buhardilla o sótano.

»En el mismo título se fijará la cuota de participación que corresponde a cada piso o local, determinada por el propietario único del edificio al iniciar su venta por pisos, por acuerdo de todos los propietarios existentes, por laudo o por resolución judicial. Para su fijación se tomará como base la superficie útil de cada piso o local en relación con el total del inmueble, su emplazamiento interior o exterior, su situación y el uso que se presuma racionalmente que va a efectuarse de los servicios o elementos comunes.

»El título podrá contener, además, reglas de constitución y ejercicio del derecho y disposiciones no prohibidas por la ley en orden al uso o destino del edificio, sus diferentes pisos o locales, instalaciones y servicios, gastos, administración y gobierno, seguros, conservación y reparaciones, formando un estatuto privativo que no perjudicará a terceros si no ha sido inscrito en el registro de la propiedad.

»En cualquier modificación del título, y salvo lo que se dispone sobre validez de acuerdos, se observarán los mismos requisitos que para la constitución».

14

Art. 6.º «Para regular los detalles de la convivencia y la adecuada utilización de los servicios y las cosas comunes, y dentro de los límites establecidos por la ley y los estatutos, el conjunto de propietarios podrá fijar normas de régimen interior, que obligarán también a todo titular mientras no sean modificadas en la forma prevista para tomar acuerdos sobre la administración».

Art. 7.º «El propietario de cada piso o local, así como de cualquier otra parte de la edificación susceptible de aprovechamiento independiente, podrá modificar los elementos arquitectónicos, instalaciones o servicios de aquel cuando no menoscabe o altere la seguridad del edificio, su estructura general, su configuración o estado exteriores, o perjudique los derechos de otro propietario, debiendo dar cuenta de tales obras previamente a quien represente a la comunidad.

»En el resto del inmueble no podrá realizar alteración alguna, y si advierte la necesidad de reparaciones urgentes, deberá comunicarlo sin dilación al administrador.

»Al propietario y al ocupante del piso o local les está prohibido desarrollar en él o en el resto del inmueble actividades no permitidas en los estatutos, que resulten dañosas para la finca o que contravengan las disposiciones generales sobre actividades molestas, insalubres, nocivas, peligrosas o ilícitas.

»El presidente de la comunidad, a iniciativa propia o de cualquiera de los propietarios u ocupantes, requerirá a quien realice las actividades prohibidas por este apartado la inmediata cesación de las mismas, bajo apercibimiento de iniciar las acciones judiciales procedentes.

»Si el infractor persistiere en su conducta, el presidente, previa autorización de la junta de propietarios, debidamente convocada al efecto, podrá entablar contra él acción de cesación que, en lo no previsto expresamente por este artículo, se sustanciará a través del juicio ordinario.

»Presentada la demanda, junto a la acreditación del requerimiento fehaciente al infractor y de la certificación del acuerdo adoptado por la junta de propietarios, el juez podrá acordar con carácter cautelar la cesación inmediata de la actividad prohibida, bajo apercibimiento de incurrir en delito de desobediencia. Podrá adoptar asimismo cuantas medidas cautelares fueran precisas para asegurar la efectividad de la orden de cesación.

La demanda tendrá que dirigirse contra el propietario y, en su caso, contra el ocupante de la vivienda o local.

»Si la sentencia fuese estimatoria, podrá disponer, además de la cesación definitiva de la actividad prohibida y de la indemnización de daños y perjuicios que proceda, de la privación del derecho del uso de la vivienda o local por tiempo no superior a tres años, en función de la gravedad de la infracción y de los perjuicios ocasionados a la comunidad. Si el infractor no fuese el propietario, la sentencia podrá declarar extinguidos definitivamente todos sus derechos relativos a la vivienda o local así como su inmediato lanzamiento».

Art. 8.º «Los pisos o locales y sus anejos podrán ser objeto de división material para formar otros más reducidos e independientes, y aumentados por agregación de otros colindantes del mismo edificio o disminuidos por segregación de alguna parte.

»En tales casos se requerirá, además del consentimiento de los titulares afectados, la aprobación de la junta de propietarios, a la que incumbe la fijación de las nuevas cuotas de participación para los pisos reformados, con sujeción a lo dispuesto en el artículo 5.º, sin alteración de las cuotas restantes».

Art. 9.º «Son obligaciones de cada propietario:
»*a*) Respetar las instalaciones generales de la comunidad y demás elementos comunes, ya sean de uso general o privativo de cualquiera de los propietarios, estén o no incluidos en su piso o local, haciendo un uso adecuado de los mismos y evitando en todo momento que se causen daños o desperfectos.

»*b*) Mantener en buen estado de conservación su propio piso o local e instalaciones privativas, en términos que no perjudiquen a la comunidad o a los otros propietarios, resarciendo los daños que ocasione por su descuido o el de las personas por quienes deba responder.

»*c*) Consentir en su vivienda o local las reparaciones que exija el buen servicio del inmueble y permitir en él las servidumbres imprescindibles requeridas para la creación de servicios comunes de interés general acordados conforme a lo establecido en el artículo 17, teniendo derecho a que la comunidad le resarza de los daños y perjuicios ocasionados.

»*d*) Permitir la entrada en su piso o local a los efectos prevenidos en los tres apartados anteriores.

»*e*) Contribuir, con arreglo a lo especialmente establecido, a los gastos generales para el adecuado sostenimiento del inmueble, sus servicios, cargas y responsabilidades que no sean susceptibles de individualización.

»Los créditos a favor de la comunidad derivados de la obligación de contribuir al sostenimiento de los gastos generales, correspondientes a las cuotas imputables a la parte vencida de la anualidad en curso, y al año natural inmediatamente anterior, tienen la condición de preferentes a efectos del artículo 1923 del Código Civil, y preceden, para su satisfacción, a los enumerados en los apartados 3.º, 4.º y 5.º de dicho precepto, sin perjuicio de la preferencia establecida a favor de los créditos salariales en el Estatuto de los Trabajadores.

»El adquirente de una vivienda o local en régimen de propiedad horizontal, incluso con título inscrito en el Registro de la Propiedad, responde con el propio inmueble adquirido de las cantidades adeudadas a la comunidad de propietarios, para el sostenimiento de los gastos generales por los anteriores titulares hasta el límite de los que resulten imputables a la parte vencida de la anualidad en la cual tenga lugar la adquisición, y al año natural inmediatamente anterior. El piso o local estará legalmente afecto al cumplimiento de esta obligación.

»En el instrumento público mediante el que se transmita, por cualquier título, la vivienda o local, el transmitente deberá hallarse al corriente en el pago de los gastos generales de la comunidad de propietarios o expresar los que adeude. El transmitente deberá aportar en este momento certificación sobre el estado de deudas con la comunidad coincidente con su declaración, sin la cual no podrá autorizarse el otorgamiento del documento público, salvo que fuese exonerado de esta obligación por el adquirente. La certificación será emitida en el plazo máximo de siete días naturales desde su solicitud por quien ejerza las funciones de secretario, con el visto bueno del presidente, quienes responderán, en caso de culpa o negligencia, de la exactitud de los datos consignados en la misma y de los perjuicios causados por el retraso en su emisión.

»*f*) Contribuir, con arreglo a su respectiva cuota de participación, a la dotación del fondo de reserva que existirá en la comunidad de propietarios para atender las obras de conservación y reparación de la finca.

»El fondo de reserva, cuya titularidad corresponde a todos los efectos a la comunidad, estará dotado con una cantidad que en ningún caso podrá ser inferior al cinco por ciento de su último presupuesto ordinario.

»Con cargo al fondo de reserva, la comunidad podrá suscribir un contrato de seguro que cubra los daños causados en la finca, o bien, concluir un contrato de mantenimiento permanente del inmueble y sus instalaciones generales.

»g) Observar la diligencia debida en el uso del inmueble y en sus relaciones con los demás titulares y responder ante estos de las infracciones cometidas y daños causados.

»h) Comunicar a quien ejerza las funciones de secretario de la comunidad, por cualquier medio que permita tener constancia de su recepción, el domicilio en España a efectos de citaciones y notificaciones de toda índole relacionadas con la comunidad. En defecto de esta comunicación se tendrá por domicilio para citaciones y notificaciones el piso o local perteneciente a la comunidad, surtiendo plenos efectos jurídicos las entregadas al ocupante del mismo.

»Si intentada una citación o notificación al propietario, fuese imposible practicarla en el lugar prevenido en el párrafo anterior, se entenderá realizada mediante la colocación de la comunicación en el tablón de anuncios de la comunidad, o en lugar visible de uso general habilitado al efecto, con diligencia expresiva de la fecha y motivos por los que se procede a esta forma de notificación, firmada por quien ejerza las funciones de secretario de la comunidad, con el visto bueno del presidente. La notificación practicada de esta forma producirá plenos efectos jurídicos en el plazo de tres días naturales.

»i) Comunicar a quien ejerza las funciones de secretario de la comunidad, por cualquier medio que permita tener constancia de su recepción, el cambio de titularidad de la vivienda o local.

»Quien incumpliera esta obligación seguirá respondiendo de las deudas con la comunidad devengadas con posterioridad a la transmisión de forma solidaria con el nuevo titular, sin perjuicio del derecho de aquel a repetir sobre este.

»Lo dispuesto en el párrafo anterior no será de aplicación cuando cualquiera de los órganos de gobierno establecidos en el artículo 13 hayan tenido conocimiento del cambio de titularidad de la vivienda o local por cualquier otro medio o por actos concluyentes del nuevo propietario, o bien, cuando dicha transmisión resulte notoria.

»Para la aplicación de las reglas del apartado anterior se reputarán generales los gastos que no sean imputables a uno o varios pisos o locales, sin que la no utilización de un servicio exima del cumplimiento de las obligaciones correspondientes, sin perjuicio de lo establecido en el artículo 11.2 de esta ley».

Art. 10.º «1. Será obligación de la comunidad la realización de las obras necesarias para el adecuado sostenimiento y conservación del inmueble y de sus servicios, de modo que reúna las debidas condiciones estructurales, de estanqueidad, habitabilidad, accesibilidad y seguridad.

Las personas con discapacidad o las mayores de setenta años gozan de un trato especial en la Ley sobre Propiedad Horizontal.

»2. Asimismo, la comunidad, a instancia de los propietarios en cuya vivienda vivan, trabajen o presten sus servicios altruistas o voluntarios personas con discapacidad, o mayores de setenta años, vendrá obligada a realizar las obras de accesibilidad que sean necesarias para un uso adecuado a su discapacidad de los elementos comunes, o para la instalación de dispositivos mecánicos y electrónicos que favorezcan su comunicación con el exterior, cuyo importe total no exceda de tres mensualidades ordinarias de gastos comunes.

»3. Los propietarios que se opongan o demoren injustificadamente la ejecución de las órdenes dictadas por la autoridad competente responderán individualmente de las sanciones que puedan imponerse en vía administrativa.

»4. En caso de discrepancia sobre la naturaleza de las obras que haya que realizar, resolverá lo procedente la junta de propietarios. También podrán los interesados solicitar arbitraje o dictamen técnico en los términos establecidos en la ley.

»5. Al pago de los gastos derivados de la realización de las obras de conservación y accesibilidad a que se refiere el presente artículo estará afecto el piso o local en los mismos términos y condiciones que los establecidos en el artículo 9 para los gastos generales».

Art. 11.º «1. Ningún propietario podrá exigir nuevas instalaciones, servicios o mejoras no requeridos para la adecuada conservación, habitabilidad, seguridad y accesibilidad del inmueble, según su naturaleza y características.

»2. Cuando se adopten válidamente acuerdos para realizar innovaciones no exigibles a tenor del apartado anterior y cuya cuota de instalación exceda del importe de tres mensualidades ordinarias de gastos comunes, el disidente no resultará obligado, ni se modificará su cuota, incluso en el caso de que no pueda privársele de la mejora o ventaja.

»Si el disidente desea, en cualquier tiempo, participar de las ventajas de la innovación, habrá de abonar su cuota en los gastos de realización y mantenimiento, debidamente actualizados mediante la aplicación del correspondiente interés legal.

»3. Cuando se adopten válidamente acuerdos para la realización de obras de accesibilidad, la comunidad quedará obligada al pago de los gastos aun cuando su importe exceda de tres mensualidades ordinarias de gastos comunes.

»4. Las innovaciones que hagan inservible alguna parte del edificio para el uso y disfrute de un propietario requerirán, en todo caso, el consentimiento expreso de este.

»5. Las derramas para el pago de mejoras realizadas o por realizar en el inmueble serán a cargo de quien sea propietario en el momento de la exigibilidad de las cantidades afectas al pago de dichas mejoras».

Art. 12.º «La construcción de nuevas plantas y cualquier otra alteración de la estructura o fábrica del edificio o de las cosas comunes afectan al título constitutivo, y deben someterse al régimen establecido para las modificaciones del mismo. El acuerdo que se adopte fijará la naturaleza de la modificación, las alteraciones que origine en la descripción de la finca y de los pisos o locales, la variación de cuotas y el titular o titulares de los nuevos locales o pisos».

Art. 13.º «Los órganos de gobierno de la comunidad de propietarios son los siguientes:

»*a*) La junta de propietarios.

»*b*) El presidente y, en su caso, los vicepresidentes.

»*c*) El secretario.

»*d*) El administrador.

»En los estatutos, o por acuerdo mayoritario de la junta de propietarios, podrán establecerse otros órganos de gobierno de la comunidad, sin que ello pueda suponer menoscabo alguno de las funciones y responsabilidades frente a terceros que la ley atribuye a los anteriores.

»El presidente será nombrado, entre los propietarios, mediante elección, o, subsidiariamente, mediante turno rotatorio o sorteo. El nombramiento será obligatorio, si bien el propietario designado podrá solicitar su relevo al juez dentro del mes siguiente a su acceso al cargo, invocando las razones que le asistan para ello. El juez, a través del procedimiento establecido en el artículo 17.3, resolverá de plano lo procedente, designando en la misma resolución al propietario que hubiera de sustituir, en su caso, al presidente en el cargo hasta que se proceda a una nueva designación en el plazo que se determine en la resolución judicial.

»Igualmente podrá acudirse al juez cuando, por cualquier causa, fuese imposible para la junta designar el presidente de la comunidad.

El presidente es el representante de la comunidad.

»El presidente ostentará legalmente la representación de la comunidad, en juicio y fuera de él en todos los asuntos que la afecten.

»La existencia del vicepresidente será facultativa. Su nombramiento se realizará por el mismo procedimiento que el establecido para la designación del presidente.

»Corresponde al vicepresidente, o vicepresidentes por su orden, sustituir al presidente en los casos de ausencia, vacante o imposibilidad de este, así como asistirlo en el ejercicio de sus funciones en los términos que establezca la junta de propietarios.

»Las funciones del secretario y del administrador serán ejercidas por el presidente de la comunidad, salvo que los estatutos, o la junta de propietarios por acuerdo mayoritario dispongan la provisión de dichos cargos separadamente de la presidencia.

»El cargo de administrador y, en su caso, el de secretario-administrador podrá ser ejercido por cualquier propietario, así como por personas físicas con cualificación suficiente y legalmente reconocida para ejercer dichas funciones. También podrá recaer en corporaciones y otras personas jurídicas en los términos establecidos en el ordenamiento jurídico.

»Salvo que los estatutos de la comunidad dispongan lo contrario, el nombramiento de los órganos de gobierno se hará por el plazo de un año.

21

»Los designados podrán ser removidos de su cargo antes de la expiración del mandato por acuerdo de la junta de propietarios, convocada en sesión extraordinaria.

»Cuando el número de propietarios de viviendas o locales en un edificio no exceda de cuatro, podrán acogerse al régimen de administración del artículo 398 del Código Civil, si expresamente lo establecen los estatutos».

Art. 14.º «Corresponde a la junta de propietarios:

»1.º Nombrar y remover a las personas que ejerzan los cargos mencionados en el artículo anterior y resolver las reclamaciones que los titulares de los pisos o locales formulen contra la actuación de aquellos.

»2.º Aprobar el plan de gastos e ingresos previsibles y las cuentas correspondientes.

»3.º Aprobar los presupuestos y la ejecución de todas las obras de reparación de la finca, sean ordinarias o extraordinarias, e informar de las medidas urgentes adoptadas por el administrador de conformidad con lo dispuesto en el artículo 20.3.

»4.º Aprobar o reformar los estatutos y determinar las normas de régimen interior.

»5.º Conocer y decidir en los demás asuntos de interés general para la comunidad, acordando las medidas necesarias o convenientes para el mejor servicio común».

Art. 15.º «La asistencia a la junta de propietarios será personal o por representación legal o voluntaria, bastando para acreditar esta un escrito firmado por el propietario.

»Si algún piso o local perteneciese proindiviso a diferentes propietarios, estos nombrarán un representante para asistir y votar en las juntas.

»Si la vivienda o local se hallare en usufructo, la asistencia y el voto corresponderá al nudo propietario, quien, salvo manifestación en contrario, se entenderá representado por el usufructuario, debiendo ser expresa la delegación cuando se trate de los acuerdos a que se refiere la regla primera del artículo 17 o de obras extraordinarias y de mejora.

»Los propietarios que en el momento de iniciarse la junta no se encontrasen al corriente en el pago de todas las deudas vencidas con la comunidad y no hubiesen impugnado judicialmente las mismas o procedido a la consignación judicial o notarial de la suma adeudada, podrán participar en sus deliberaciones si bien no tendrán derecho de voto. El acta de la junta reflejará a los propietarios privados del derecho de voto, cuya persona y cuota de participación en la comunidad no será computada a efectos de alcanzar las mayorías exigidas en esta ley».

Art. 16.º «La junta de propietarios se reunirá por lo menos una vez al año para aprobar los presupuestos y cuentas, y en las demás ocasiones que lo considere conveniente el presidente o lo pidan la cuarta parte de los propietarios, o un número de estos que representen el veinticinco por ciento de las cuotas de participación.

»La convocatoria de las juntas la hará el presidente y, en su defecto, los promotores de la reunión, con indicación de los asuntos a tratar, el lugar, día y hora en que se celebrará en primera o, en su caso, en segunda convocatoria, practicándose las citaciones en la forma establecida en el artículo 9. La convocatoria contendrá una relación de los propietarios que no estén al corriente en el pago de las deudas vencidas a la comunidad y advertirá de la privación del derecho de voto si se dan los supuestos previstos en el artículo 15.2.

»Cualquier propietario podrá pedir que la junta de propietarios estudie y se pronuncie sobre cualquier tema de interés para la comunidad; a tal efecto, dirigirá un escrito, en el que se especifique claramente los asuntos que pide sean tratados por el presidente, quien los incluirá en el orden del día de la siguiente junta que se celebre.

»Si a la reunión de la junta no concurriesen, en primera convocatoria, la mayoría de los propietarios que representen, a su vez, la mayoría de las cuotas de participación, se procederá a una segunda convocatoria, esta vez sin sujeción a quórum.

»La junta se reunirá en segunda convocatoria en el lugar, día y hora indicados en la primera citación, pudiendo celebrarse el mismo día si hubiese transcurrido media hora desde la anterior. En su defecto será nuevamente convocada, conforme a los requisitos establecidos en este artículo, dentro de los ocho días naturales siguientes a la junta no celebrada, cursándose en este caso las citaciones con una antelación mínima de tres días.

»La citación para la junta ordinaria anual se hará, cuando menos, con seis días de antelación, y para las extraordinarias, con el tiempo suficiente para que pueda llegar a conocimiento de todos los interesados. La junta podrá reunirse válidamente aun sin la convocatoria del presidente, siempre que concurran la totalidad de los propietarios y así lo decidan».

Art. 17.º «Los acuerdos de la junta de propietarios se sujetarán a las siguientes normas:

»1.ª La unanimidad sólo será exigible para la validez de los acuerdos que impliquen la aprobación o modificación de las reglas contenidas en el título constitutivo de la propiedad horizontal o en los estatutos de la comunidad.

»El establecimiento o supresión de los servicios de ascensor, portería, conserjería, vigilancia u otros servicios comunes de interés general, incluso cuando supongan la modificación del título constitutivo o de los estatutos, requerirá el voto favorable de las tres quintas partes del total de los propietarios que, a su vez, representen las tres quintas partes de las cuotas de participación. El arrendamiento de elementos comunes que no tenga asignado un uso específico en el inmueble requerirá igualmente el voto favorable de las tres quintas partes del total de los propietarios que, a su vez, representen las tres quintas partes de las cuotas de participación, así como el consentimiento del propietario directamente afectado, si lo hubiere.

»Sin perjuicio de lo dispuesto en los artículos 10 y 11 de esta ley, la realización de obras o el establecimiento de nuevos servicios comunes que tengan por finalidad la supresión de barreras arquitectónicas que dificulten el acceso o movilidad de personas con minusvalía, incluso cuando impliquen la modificación del título constitutivo, o de los estatutos, requerirá el voto favorable de la mayoría de los propietarios que, a su vez, representen la mayoría de las cuotas de participación.

»A los efectos establecidos en los párrafos anteriores de esta norma, se computarán como votos favorables los de aquellos propietarios ausentes de la junta, debidamente citados, quienes una vez informados del acuerdo adoptado por los presentes, conforme al procedimiento establecido en el artículo 9, no manifiesten su discrepancia por comunicación a quien ejerza las funciones de secretario de la comunidad en el plazo de 30 días naturales, por cualquier medio que permita tener constancia de la recepción.

»Los acuerdos válidamente adoptados con arreglo a lo dispuesto en esta norma obligan a todos los propietarios.

»2.ª La instalación de las infraestructuras comunes para el acceso a los servicios de telecomunicación regulados en el Real Decreto-Ley 1/1998, de 27 de febrero, o la adaptación de los existentes, así como la instalación de sistemas comunes o privativos de aprovechamiento de la energía solar, o bien de las infraestructuras necesarias para acceder a nuevos suministros energéticos colectivos, podrá ser acordada, a petición de cualquier propietario, por un tercio de los integrantes de la comunidad que representen, a su vez, un tercio de las cuotas de participación.

»La comunidad no podrá repercutir el coste de la instalación o adaptación de dichas infraestructuras comunes, ni los derivados de su conservación y mantenimiento posterior, sobre aquellos propietarios que no hubieren votado expresamente en la junta a favor del acuerdo. No obstante, si con posterioridad solicitasen el acceso a los servicios realizados, podrá autorizárseles siempre que abonen el importe que les hubiera correspondido, debidamente actualizado, aplicando el correspondiente interés legal.

»Sin perjuicio de lo establecido anteriormente respecto a los gastos de conservación y mantenimiento, la nueva infraestructura instalada tendrá la consideración a los efectos establecidos en esta ley de elemento común.

»3.ª Para la validez de los demás acuerdos bastará el voto de la mayoría del total de los propietarios que, a su vez, representen la mayoría de las cuotas de participación.

»En segunda convocatoria serán válidos los acuerdos adoptados por la mayoría de los asistentes, siempre que esta represente, a su vez, más de la mitad del valor de las cuotas de los presentes.

»Cuando la mayoría no se pudiere lograr por los procedimientos establecidos en los párrafos anteriores, el juez, a instancia de la parte deducida en el mes siguiente a la fecha de la segunda junta, y oyendo en comparecencia los contradictores previamente citados, resolverá en equidad lo que proceda dentro de veinte días, contados desde la petición, haciendo pronunciamiento sobre el pago de costas».

Art. 18.º «Los acuerdos de la junta de propietarios serán impugnables ante los tribunales, de conformidad con lo establecido en la legislación procesal general en los siguientes supuestos:

»*a*) Cuando sean contrarios a la ley o a los estatutos de la comunidad de propietarios.

»*b*) Cuando resulten gravemente lesivos para los intereses de la propia comunidad en beneficio de uno o varios propietarios.

»*c*) Cuando supongan un grave perjuicio para algún propietario que no tenga obligación jurídica de soportarlo o se hayan adoptado con abuso de derecho.

»Estarán legitimados para la impugnación de todos estos acuerdos los propietarios que hubiesen salvado su voto en la junta, los ausentes por cualquier causa y los que indebidamente hubiesen sido privados de su derecho de voto. Para impugnar los acuerdos de la junta, el propietario deberá estar al corriente en el pago de la totalidad de las deudas vencidas con la comunidad o proceder previamente a la consignación judicial de las mismas.

Esta regla no será de aplicación para la impugnación de los acuerdos de la junta relativos al establecimiento o alteración de las cuotas de participación a que se refiere el artículo 9 entre los propietarios.

»La acción caducará a los tres meses de adoptarse el acuerdo por la junta de propietarios, salvo que se trate de actos contrarios a la ley o a los estatutos, en cuyo caso la acción caducará al año. Para los propietarios ausentes, dicho plazo se computará a partir de la comunicación del acuerdo conforme al procedimiento establecido en el artículo 9.

»La impugnación de los acuerdos de la junta no suspenderá su ejecución, salvo que el juez así lo disponga, con carácter cautelar, a solicitud del demandante, oída la comunidad de propietarios».

Art. 19.º «Los acuerdos de la junta de propietarios se reflejarán en un libro de actas diligenciado por el registrador de la propiedad en la forma que reglamentariamente se disponga.

»El acta de cada reunión de la junta de propietarios deberá expresar, al menos, las siguientes circunstancias:

»*a*) La fecha y el lugar de celebración.

»*b*) El autor de la convocatoria y, en su caso, los propietarios que la hubiesen promovido.

»*c*) Su carácter ordinario o extraordinario, y la indicación sobre su celebración en primera o segunda convocatoria.

»*d*) La relación de todos los asistentes y sus respectivos cargos, así como de los propietarios representado, con indicación, en todo caso, de sus cuotas de participación.

»*e*) El orden del día de la reunión.

»*f*) Los acuerdos adoptados, con indicación, en caso de que ello fuera relevante para la validez del acuerdo, de los nombres de los propietarios que hubieren votado a favor y en contra de los mismos, así como de las cuotas de participación que respectivamente representen.

»El acta se cerrará con las firmas del presidente y del secretario al terminar la reunión, o dentro de los diez días naturales siguientes. Desde su cierre, los acuerdos serán ejecutivos, salvo que la ley previere lo contrario.

»El acta de las reuniones se remitirá a los propietarios, de acuerdo con el procedimiento establecido en el artículo 9.

»Serán subsanables los defectos o errores del acta siempre que la misma exprese inequívocamente la fecha y lugar de celebración, los propietarios asistentes, presentes o representados, y los acuerdos adoptados, con indicación de los votos a favor y en contra, así como las cuotas de participación que respectivamente supongan y se encuentre firmada por el presidente y el secretario. Esta subsanación deberá efectuarse antes de la siguiente reunión de la junta de propietarios, que deberá ratificar la subsanación.

»El secretario custodiará los libros de actas de la junta de propietarios. Asimismo, deberá conservar, durante el plazo de cinco años, las convocatorias, comunicaciones, apoderamientos y demás documentos relevantes de las reuniones».

Art. 20.º «Corresponde al administrador:

»1.º Velar por el buen régimen de la casa, sus instalaciones y servicios, y hacer a estos efectos las oportunas advertencias y apercibimientos a los titulares.

»2.º Preparar con la debida antelación y someter a la junta el plan de gastos previsibles, proponiendo los medios necesarios para hacer frente a los mismos.

»3.º Atender a la conservación y entretenimiento de la casa, disponiendo las reparaciones urgentes, dando inmediata cuenta de ellas al presidente, o en su caso, a los propietarios.

»4.º Ejecutar los acuerdos adoptados en materia de obras, y efectuar los pagos y realizar los cobros que sean procedentes.

»5.º Actuar, en su caso, como secretario de la junta y custodiar, a disposición de los titulares, la documentación de la comunidad.

»6.º Todas las demás atribuciones que se confieran por la junta».

Art. 21.º «1.º Las obligaciones a que se refieren los apartados *e*) y *f*) del artículo 9 deberán cumplirse por el propietario de la vivienda o local en el tiempo y forma determinados por la junta. En caso contrario, el presidente o el administrador, si así lo acordase la junta de propietarios, podrá exigirlo judicialmente a través del proceso monitorio.

»2.º La utilización del procedimiento monitorio requerirá la previa certificación del acuerdo de la junta de propietarios, aprobando la liquidación de la deuda con la comunidad de propietarios por quien actúe como secretario de la misma, con el visto bueno del presidente, siempre que tal acuerdo haya sido notificado a los propietarios afectados en la forma establecida en el citado artículo 9.

El procedimiento judicial para actuar contra los vecinos morosos se recoge en el art. 21 de la Ley sobre Propiedad Horizontal.

»3.º A la cantidad que se reclame en virtud de lo dispuesto en el apartado anterior podrá añadirse la derivada de los gastos del requerimiento previo de pago, siempre que conste documentalmente la realización de este y se acompañe el justificante de tales gastos.

»4.º Cuando el propietario anterior de la vivienda o local deba responder solidariamente del pago de la deuda, podrá dirigirse contra él la petición inicial, sin perjuicio de su derecho a repetir contra el actual propietario. Asimismo se podrá dirigir la reclamación contra el titular registral, que gozará del mismo derecho mencionado anteriormente.

»En todos estos casos, la petición inicial podrá formularse contra cualquiera de los obligados o contra todos ellos conjuntamente.

»5.º Cuando el deudor se oponga a la petición inicial del proceso monitorio, el acreedor podrá solicitar el embargo preventivo de bienes suficientes de aquel, para hacer frente a la cantidad reclamada, los intereses y las costas.

»El tribunal acordará, en todo caso, el embargo preventivo sin necesidad de que el acreedor preste caución. No obstante, el deudor podrá enervar el embargo prestando aval bancario por la cuantía por la que hubiese sido decretado.

»6.º En el caso de que en la solicitud inicial del proceso monitorio se utilizaren los servicios profesionales de abogado y procurador con el objetivo de reclamar las cantidades debidas a la comunidad, el deudor deberá pagar, con sujeción en todo caso a los límites establecidos en el apartado tercero del artículo 394 de la Ley de Enjuiciamiento Civil, los honorarios y derechos que devenguen ambos por su intervención, tanto si aquel atendiere el requerimiento de pago como si no compareciere ante el tribunal.

»En los casos en que exista oposición, se seguirán las reglas generales en materia de costas, aunque si el acreedor obtuviere una sentencia totalmente favorable a su pretensión, se deberán incluir en ellas los honorarios del abogado y los derechos del procurador derivados de su intervención, aunque no hubiera sido preceptiva».

Art. 22.º «1.º La comunidad de propietarios responderá de sus deudas frente a terceros con todos los fondos y créditos a su favor. Subsidiariamente y previo requerimiento de pago al propietario respectivo, el acreedor podrá dirigirse contra cada propietario que hubiese sido parte en el correspondiente proceso por la cuota que le corresponda en el importe insatisfecho.

»2.º Cualquier propietario podrá oponerse a la ejecución si acredita que se encuentra al corriente en el pago de la totalidad de las deudas vencidas con la comunidad en el momento de formularse el requerimiento a que se refiere el apartado anterior.

»Si el deudor pagase en el acto de requerimiento, serán de su cargo las costas causadas hasta ese momento en la parte proporcional que le corresponda».

Art. 23.º « El régimen de propiedad horizontal se extingue:

»1.º Por la destrucción del edificio, salvo pacto en contrario. Se estimará producida aquella cuando el coste de la reconstrucción exceda del cincuenta por ciento del valor de la finca al tiempo de ocurrir el siniestro, a menos que el exceso de dicho coste esté cubierto por un seguro.

»2.º Por conversión en propiedad o copropiedad ordinarias».

Capítulo tercero. Del régimen de los complejos inmobiliarios privados

Artículo 24.° «1.° El régimen especial de propiedad establecido en el artículo 396 del Código Civil será aplicable a aquellos complejos inmobiliarios privados que reúnan los siguientes requisitos:

»*a*) Estar integrados por dos o más edificaciones o parcelas independientes entre sí cuyo destino principal sea la vivienda o locales.

»*b*) Participar los titulares de estos inmuebles, o de las viviendas o locales en que se encuentren divididos horizontalmente, con carácter inherente a dicho derecho, en una copropiedad indivisible sobre otros elementos inmobiliarios, viales, instalaciones o servicios.

»2.° Los complejos inmobiliarios privados a que se refiere el apartado anterior podrán:

»*a*) Constituir en una sola comunidad de propiedad a través de cualquiera de los procedimientos establecidos en el párrafo segundo del artículo 5. En este caso quedarán sometidos a las disposiciones de esta ley, que les resultará íntegramente de aplicación.

»*b*) Constituirse en una agrupación de comunidades de propietarios. A tal efecto, se requerirá que el título constitutivo de la nueva comunidad agrupada sea otorgado por el propietario único del complejo o por los presidentes de todas las comunidades llamadas a integrar aquella, previamente autorizados por acuerdo mayoritario de sus respectivas juntas de propietarios. El título constitutivo contendrá la descripción del complejo inmobiliario en su conjunto y de los elementos, viales, instalaciones y servicios comunes. Asimismo, fijará la cuota de participación de cada una de las comunidades integradas, las cuales responderán conjuntamente de su obligación de contribuir al sostenimiento de los gastos generales de la comunidad agrupada. El título y los estatutos de la comunidad agrupada serán inscribibles en el Registro de la Propiedad.

»3.° La agrupación de comunidades a que se refiere el apartado gozará de la misma situación jurídica que las comunidades de propietarios y se regirá por las disposiciones de esta ley con las siguientes especialidades:

»*a*) La junta de propietarios estará compuesta, salvo acuerdo contrario, por los presidentes de las comunidades integradas en la agrupación, los cuales ostentarán la representación del conjunto de los propietarios de cada comunidad.

»*b*) La adopción de acuerdos para los que la ley requiera mayorías cualificadas, exigirá, en todo caso, la previa obtención de la mayoría de que se trate en cada una de las juntas de propietarios de las comunidades que integran la agrupación.

»*c*) Salvo acuerdo contrario de la junta no será aplicable a la comunidad agrupada lo dispuesto en el artículo 9 de esta ley sobre el fondo de reserva.

»La competencia de los órganos de gobierno de la comunidad agrupada únicamente se extiende a los elementos inmobiliarios, viales, instalaciones y servicios comunes. Sus acuerdos no podrán menoscabar en ningún caso las facultades que corresponden a los órganos de gobierno de las comunidades de propietarios integradas en la agrupación de comunidades.

»4.° A los complejos inmobiliarios privados que no adopten ninguna de las formas jurídicas señaladas en el apartado 2 les serán aplicables, supletoriamente respecto a los pactos que establezcan entre sí los copropietarios, las disposiciones de esta ley con las mismas especialidades señaladas en el apartado anterior».

Artículo 396 del Código Civil

Hasta 1960, la propiedad horizontal se regulaba en España mediante un único artículo del Código Civil.

Puesto que a lo largo del presente manual se hará continua referencia al artículo 396 del Código Civil, lo reproducimos a continuación, según la redacción que le ha otorgado la Ley 8/1999, de 6 de abril:

«Los diferentes pisos o locales de un edificio, o las partes de ellos susceptibles de aprovechamiento independiente por tener salida propia a un elemento común de aquel o a la vía pública podrán ser objeto de propiedad separada, que llevará inherente un derecho de copropiedad sobre los elementos comunes del edificio, que son todos los necesarios para su adecuado uso y disfrute, tales como el suelo, vuelo, cimentaciones, cubiertas, elementos estructurales, entre ellos los pilares, vigas, forjados y muros de carga; las fachadas, con los revestimientos exteriores de terrazas, balcones y ventanas, incluyendo su imagen o configuración, los elementos de cierre

31

que las conforman y sus revestimientos exteriores; el portal, las escaleras, porterías, corredores, pasos, muros, fosos, patios, pozos, y los recintos destinados a ascensores, depósitos, contadores, telefonías o a otros servicios o instalaciones comunes, incluso aquellos que fueren de uso privativo; los ascensores y las instalaciones, conducciones y canalizaciones para el desagüe, para el suministro de agua, gas o electricidad, incluso las de aprovechamiento de energía solar; las de agua caliente sanitaria, calefacción, aire acondicionado, ventilación o evacuación de humos; las de detección y prevención de incendios; las de portero electrónico y otras de seguridad del edificio, así como las de antenas colectivas y demás instalaciones para los servicios audiovisuales o de telecomunicación, todas ellas hasta la entrada al espacio privativo; las servidumbres y cualesquiera otros elementos materiales o jurídicos que por su naturaleza o destino resulten indivisibles.

»Las partes en copropiedad no son en ningún caso susceptibles de división y sólo podrán ser enajenadas, gravadas o embargadas juntamente con la parte determinada privativa de la que son anejo inseparable.

»En caso de enajenación de un piso o local, los dueños de los demás, por este solo título, no tendrán derecho de tanteo ni de retracto.

»Esta forma de propiedad se rige por las disposiciones legales especiales y, en lo que las mismas permitan, por la voluntad de los interesados».

CAPÍTULO II

Elementos privativos y elementos comunes

En el régimen de propiedad horizontal coexisten elementos que pertenecen en exclusiva a cada uno de los vecinos junto con otros que pertenecen a todos ellos en su conjunto: a los primeros se les denomina elementos privativos y a estos últimos, elementos comunes.

Los elementos privativos

«En el régimen de propiedad establecido en el artículo 396 del Código Civil corresponde al dueño de cada piso o local:

»*a*) El derecho singular y exclusivo de propiedad sobre un espacio suficientemente delimitado y susceptible de aprovechamiento independiente, con los elementos arquitectónicos e instalaciones de todas clases, aparentes o no, que estén comprendidos dentro de sus límites y sirvan exclusivamente al propietario, así como el de los anejos que expresamente hayan sido señalados en el título, aunque se hallen situados fuera del espacio delimitado.

»*b*) La copropiedad con los demás dueños de pisos o locales, de los restantes elementos, pertenencias y servicios comunes.

»A cada piso o local se atribuirá una cuota de participación con relación al total del valor del inmueble y referida a centésimas del mismo. Dicha cuota servirá de módulo para determinar la participación en las cargas y beneficios por razón de la comunidad. Las mejoras o menoscabos de cada piso o local no alterarán la cuota atribuida, que sólo podrá variarse por acuerdo unánime.

»Cada propietario puede libremente disponer de su derecho, sin poder separar los elementos que los integran y sin que la transmisión del disfrute afecte a las obligaciones derivadas de este régimen de propiedad».

Queda claro en este artículo que el comprador de un piso o local, o de varios que se hallen integrados en un edificio sometido al régimen de propiedad horizontal, se encuentra ante dos clases de derechos diferentes: unos derechos sobre el piso o local en sí, que tienen carácter exclusivo y excluyente; y otros derechos compartidos con los otros propietarios sobre los elementos comunes del inmueble.

Sobre los derechos exclusivos del comprador sobre su piso o local hablaremos posteriormente con más detenimiento al ocuparnos de los derechos del copropietario.

El art. 360 del Código Civil enumera cuáles son los elementos comunes del edificio.

Ahora centraremos nuestra atención en los denominados elementos comunes de un inmueble.

Características de los elementos comunes

Sus características son:

— Que dichos elementos comunes sirvan para el uso y disfrute de los propietarios, en conjunto.
— Que sean un accesorio de la parte privativa, ya que queda claro que la parte principal es el piso o local.

Enumeración de los elementos comunes

La reforma del régimen de la propiedad horizontal que ha sido llevada a cabo por la citada Ley 8/1999, de 6 de abril, publicada en el Boletín Oficial del Estado de 8 de abril, y en vigor desde el día 28 de abril de 1999, ha supuesto una clarificación de esta materia.

Ahora existe una mayor seguridad en cuanto a saber si nos hallamos ante un elemento común o un elemento privativo, con las importantes consecuencias prácticas que de ello se derivan.

El artículo 396 del Código Civil (en su redacción modificada por la Ley 8/1999, de 6 de abril) indica que los elementos comunes del edificio «son todos los necesarios para su adecuado uso y disfrute» y, a continuación, los enumera mediante una larga lista que, como veremos, no tiene carácter de cerrada.

Los elementos comunes de un edificio, de acuerdo con el artículo 396 del Código Civil, son:

«*a*) El suelo, el vuelo, las cimentaciones, las cubiertas y los elementos estructurales, entre los cuales se incluyen los pilares, las vigas, los forjados y los muros de carga.

»*b*) Las fachadas, con los revestimientos exteriores de terrazas, balcones y ventanas, incluyendo su imagen o configuración, los elementos de cierre que las conforman y sus revestimientos exteriores.

»*c*) El portal, las escaleras, porterías, corredores, pasos, muros, fosos, patios, pozos, y los recintos destinados a ascensores, depósitos, contadores, telefonías o a otros servicios o instalaciones comunes, incluso aquellos que fueren de uso privativo.

»*d*) Los ascensores y las instalaciones, conducciones y canalizaciones para el desagüe, para el suministro de agua, gas o electricidad, incluso las de aprovechamiento de energía solar; las de agua caliente sanitaria, calefacción, aire acondicionado, ventilación o evacuación de humos; las de detección y prevención de incendios; las de portero electrónico y otras de seguridad del edificio, así como las de antenas colectivas y demás instalaciones para los servicios audiovisuales o de telecomunicación, todas ellas hasta la entrada al espacio privativo.

»*e*) Las servidumbres y cualesquiera otros elementos materiales o jurídicos que por su naturaleza o destino resulten indivisibles».

Así vemos como cada propietario de un edificio tiene, sobre cada cosa, elemento o servicio común, un derecho de propiedad, o de copropiedad, puesto que es compartido con el resto de vecinos, limitado por los derechos de los demás propietarios.

Los elementos en copropiedad no son susceptibles de división y sólo podrán ser enajenadas o transmitidas (donadas o regaladas, vendidas, permutadas, etc.), gravadas (hipotecadas) o embargadas (sujetas al pago de una deuda) juntamente con la parte determinada privativa de la que son anejo inseparable.

Uso y disfrute de los elementos comunes

Debe distinguirse y no confundir los términos uso y disfrute de una cosa. El derecho de uso equivale al derecho de servirse de los elementos y servicios comunes. Este uso debe ser compartido entre todos los propietarios, por lo que debe ser:

— Adecuado al destino que se haya otorgado a los elementos comunes.
— Llevado a cabo con el cuidado y la diligencia debida.
— Ejercitado sin perjudicar los intereses de la comunidad, ni impedir o menoscabar el uso por parte de los demás copropietarios.

El derecho de disfrute es el que corresponde al titular de un piso o local que forme parte de un edificio sujeto al régimen de propiedad horizontal, de aprovecharse de los productos o beneficios que puedan rendir las cosas comunes.

Por ejemplo, la utilización del portero automático es un caso de derecho de uso, y la participación (proporcional a la cuota) en los beneficios que la comunidad obtenga del arrendamiento de una determinada superficie del portal para instalar un negocio comercial es un supuesto de derecho de disfrute.

Conservación y reparación de los elementos comunes

Conservar es mantener una cosa de manera que no se pierda o deteriore. En la Ley sobre Propiedad Horizontal (en su versión actualizada del año 1999) no existe una regulación sistemática de los actos de conservación, sino que tan sólo se contienen referencias en diversos preceptos aislados.

El hecho de que los elementos comunes estén destinados al uso y disfrute común de todos los propietarios, obliga a estos a contribuir a su conservación.

La forma de contribuir a esta conservación no es sólo satisfaciendo la cuota que corresponda en los gastos que se originen, sino también usando los elementos comunes con una diligencia adecuada que normalmente se define como la propia de «un buen padre de familia». Caso de que alguien no use adecuadamente los elementos comunes deberá responder ante los otros propietarios de las infracciones cometidas y de los daños causados.

Reparar significa componer o enmendar el menoscabo que ha sufrido una cosa. Tampoco existe en esta ley una regulación al respecto, a pesar de que se nombra o se hace referencia a ello en diversos artículos de la misma.

Así vemos, por ejemplo, que en el artículo 7.° se establece que «... si el propietario advirtiere la necesidad de reparaciones urgentes en la parte del inmueble que no sea propiedad privativa suya, deberá comunicarlo sin dilación al administrador». Es decir, no puede actuar por propia iniciativa. No obstante, consideramos que no es motivo de reproche la reparación de un desperfecto si debido a su gravedad no pudiera esperarse a informar al administrador de la finca. Así, por ejemplo, si se advierte la existencia de un boquete en el portal que implique un riesgo para la seguridad de los vecinos.

El artículo 9.° también contiene una referencia a las reparaciones: «Todo propietario deberá consentir en su vivienda o local las reparaciones que exija el buen servicio del inmueble».

La ley distingue las siguientes categorías de reparaciones:

— Ordinarias, cuando surgen del uso normal del edificio y de sus elementos. Por ejemplo, la pintura y embellecimiento de las partes comunes.

— Extraordinarias, cuando las reparaciones no sean consecuencia del uso normal, sino de acontecimientos imprevistos. Por ejemplo, un incendio.

Es competencia de la junta de propietarios (véase el artículo 14.°) «aprobar los presupuestos y la ejecución de todas las obras de reparación de la finca, sean ordinarias o extraordinarias».

— Urgentes: son las de carácter perentorio. Su ejecución puede llevarse a cabo por indicación del administrador; no obstante, antes de acometerlas, puede dar cuenta a la junta de propietarios a fin de no ser acusado de extralimitación en sus funciones. Una vez efectuadas, el administrador está obligado a informar a la junta, como dispone el tercer apartado del artículo 14.° de la ley vigente.

Si las obras de reparación exceden el cincuenta por ciento del valor de la finca en el momento de ocurrir el siniestro, a no ser que esto lo cubra un seguro, podría llegarse a la extinción del régimen de propiedad horizontal (artículo 23.1 de la ley).

— Necesarias. Según una novedad introducida por la Ley 8/1999 en el artículo 10.° en el régimen de propiedad horizontal «es obligación de la comunidad la realización de las obras necesarias para el adecuado sostenimiento y conservación del inmueble y de sus servicios, de modo que reúna las debidas condiciones estructurales, de estanqueidad, habitabilidad y seguridad».

Se establece que los propietarios que se opongan o demoren injustificadamente la ejecución de las órdenes dictadas por la autoridad competente responderán individualmente de las sanciones que puedan imponerse en vía administrativa.

Los vecinos deben velar y contribuir económicamente por una adecuada conservación de los elementos comunes.

No siempre puede resultar clara cuál es la naturaleza de las obras a realizar. En tales casos, la junta de propietarios resolverá lo procedente, pero los interesados también podrán solicitar arbitraje o dictamen técnico.

Innovaciones

Ningún propietario podrá exigir nuevas instalaciones, servicios o mejoras no requeridos para la adecuada conservación, habitabilidad y seguridad del inmueble, según su naturaleza y características, lo que antes se denominaba rango del edificio.

Cuando se adopten válidamente acuerdos para realizar innovaciones no exigibles y cuya cuota de instalación exceda del importe de tres mensualidades ordinarias de gastos comunes (antes de la Ley 8/1999 era de una mensualidad) el disidente no resultará obligado, ni se modificará su cuota, incluso en el caso de que no pueda privársele de la mejora o ventaja.

Si el disidente desea, en cualquier tiempo, participar de las ventajas de la innovación, habrá de abonar su cuota en los gastos de realización y mantenimiento, debidamente actualizados aplicando el correspondiente interés legal.

Las innovaciones que hagan inservible alguna parte del edificio para el uso y disfrute de un propietario requerirán el consentimiento expreso de este.

Las derramas para el pago de mejoras realizadas o por realizar en el inmueble serán a cargo de quien sea propietario en el momento de la exigibilidad de las cantidades afectadas al pago de dichas mejoras.

Como ejemplos de innovaciones podemos citar: ampliación de la portería, colocación de una alfombra en el vestíbulo, instalación de servicio de calefacción, instalación de ascensor, etc.

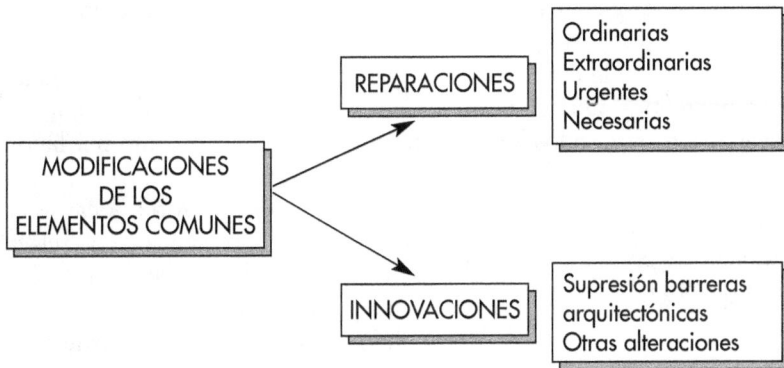

```
                                        ┌─────────────────┐
                          ┌──────────────┐  Ordinarias
                          │ REPARACIONES │  Extraordinarias
                          └──────────────┘  Urgentes
                                        │   Necesarias
                                        └─────────────────┘
  ┌──────────────────┐
  │ MODIFICACIONES   │
  │ DE LOS           │
  │ ELEMENTOS COMUNES│
  └──────────────────┘
                          ┌──────────────┐  ┌─────────────────┐
                          │ INNOVACIONES │  Supresión barreras
                          └──────────────┘  arquitectónicas
                                            Otras alteraciones
```

Alteraciones en la estructura del edificio

El **artículo 12.º** de la Ley dice:

«La construcción de nuevas plantas y cualquier otra alteración de la estructura o fábrica del edificio o de las cosas comunes afectan al título constitutivo, y deben someterse al régimen establecido para las modificaciones del mismo. Es decir, deben adoptarse por unanimidad. El acuerdo que se adopte fijará la naturaleza de la modificación, las alteraciones que origine en la descripción de la finca y de los pisos o locales, la variación de cuotas y el titular o titulares de los nuevos locales o pisos».

La cuota de participación

La copropiedad de cada vecino sobre los elementos comunes se determina mediante las cuotas de participación.

La cuota de participación es aquel porcentaje que sirve como módulo para determinar la parte en que cada piso o local contribuirá en las cargas, y se aprovechará de los beneficios derivados de la comunidad.

El propietario único del inmueble, en el momento en que proceda a otorgar el título constitutivo de la propiedad horizontal (es decir, en el momento en que comparezca ante notario para otorgar la correspondiente escritura que divida en propiedad horizontal la finca), debe proceder a determinar una cuota de participación de cada piso o local.

La fijación de la cuota de participación, además de por el propietario único del edificio al iniciar la venta por pisos, también puede establecerse por el acuerdo de todos los propietarios existentes, así como por laudo o por resolución judicial.

La cuota determina en qué proporción se participa en las cargas y en los beneficios.

Artículo 3.° «A cada piso o local se atribuirá una cuota de participación con relación al total del valor del inmueble y referida a centésimas del mismo. Dicha cuota servirá de módulo para determinar la participación en las cargas y beneficios por razón de la comunidad. Las mejoras o menoscabos de cada piso o local no alterarán la cuota atribuida, que sólo podrá variarse por acuerdo unánime de la junta de propietarios».

El artículo 8.° de la Ley fija que los pisos o locales y sus anejos podrán ser objeto de división material para formar otros más reducidos e independientes, aumentados por agregación de otros colindantes del mismo edificio o, también, disminuidos por segregación de alguna parte y que, en todos estos casos que se acaban de mencionar, se requerirá, además del consentimiento de los titulares afectados, la aprobación de la junta de propietarios, a la que incumbe la fijación de las nuevas cuotas de participación para los pisos reformados sin alteración alguna de las cuotas restantes.

El artículo 5.° cita los aspectos que hay que tener en cuenta para la fijación de la cuota de participación:

«— La superficie útil de cada piso o local en relación con el total del inmueble.

»— El emplazamiento, interior o exterior, de cada piso o local.

»— La situación de cada piso o local y el uso que, racionalmente, se presuma va a efectuarse de los servicios o elementos comunes».

El seguro

Pese a que no es obligatorio, es muy recomendable para todas las comunidades tener suscrito un seguro que cubra a los propietarios de las consecuencias negativas que cualquier siniestro (desprendimientos, incendios, lluvias, actos vandálicos, robos, etc.) les pudiera acarrear.

En el artículo 9.° de la Ley sobre Propiedad Horizontal queda establecida, como una de las obligaciones de los copropietarios, la de contribuir, siempre con arreglo a su respectiva cuota de participación, a la dotación del denominado fondo de reserva que existirá en toda comunidad de propietarios para atender las obras de conservación y reparación de la finca.

Está expresamente previsto que, con cargo a este fondo de reserva (novedad introducida por la Ley 8/1999), la comunidad pueda suscribir una póliza de seguro con la finalidad de tener cubiertos los daños que se puedan causar en la finca.

Además, en el artículo 5.° de la ley se menciona: «Los estatutos de la comunidad, caso de que estos existan, pueden contener alguna disposición relativa a la existencia de un seguro».

Es recomendable que se suscriba una póliza de seguro sobre el edificio.

En conclusión, la existencia de un seguro no es obligatoria para las comunidades de propietarios, pero sí es recomendable su suscripción, fijando en cada caso concreto el ámbito de cobertura, de acuerdo con las necesidades particulares de cada inmueble.

CAPÍTULO III

Estatutos de la comunidad de propietarios y reglamento de régimen interior

Los edificios constituidos en propiedad horizontal se rigen generalmente mediante sus propios estatutos, los cuales pueden ser completados o desarrollados, en algunos de sus aspectos, por un reglamento de régimen interior.

Qué son los estatutos

Los estatutos de la comunidad de propietarios suelen nacer generalmente antes de que esté realmente constituida dicha comunidad. Esto es así porque suelen ser las sociedades constructoras o los propietarios de las fincas, los que al vender los pisos o locales, los imponen a los nuevos adquirentes.

En el caso de que los estatutos no estuviesen previstos de antemano, su nacimiento sería gracias al acuerdo tomado por unanimidad en la junta convocada al efecto, siempre reuniendo los requisitos previstos en los artículos 15.°, 16.° y 17.° de la Ley sobre Propiedad Horizontal (asistencia, convocatoria y normas sobre acuerdos de juntas).

Ahora bien, vamos a buscar una fórmula para definir qué son los estatutos: son un conjunto de normas escritas y con fuerza de ley, establecidas de común acuerdo por todos los propietarios de un inmueble, sujeto al régimen de propiedad horizontal, que deben completarse con los respectivos derechos y obligaciones de los copropietarios, desarrollados sin contradecir nunca la ley.

Características generales de los estatutos

— Son un conjunto de normas escritas, bien en documento público o privado, si bien debe ser público en caso de querer que tenga validez frente a terceras personas.
— Sus normas tienen fuerza de ley y obligan a su cumplimiento.
— Los estatutos deben ser aprobados por unanimidad.
— Desarrollan los derechos y obligaciones de los copropietarios.

El contenido de los estatutos, según el párrafo 3.° del artículo 5.° de la Ley sobre Propiedad Horizontal, puede ser:

— Normas de constitución, es decir, de establecimiento o de ordenación, que tengan por objeto la creación de derechos y obligaciones no previstas en la ley.
— Normas que regulen el ejercicio, o sea, el goce, la conservación, la seguridad o la defensa del derecho.
— Disposiciones en orden al uso o destino del edificio, los apartamentos o las instalaciones.

Los estatutos de una comunidad de propietarios no pueden ir contra las disposiciones de la Ley sobre Propiedad Horizontal.

— Disposiciones referentes a gastos, administración y gobierno, seguros, conservación y reparaciones.

Formalidades de los estatutos

En la Ley sobre Propiedad Horizontal no existe ninguna norma de tipo general que señale cuál debe ser la forma que hayan de adoptar los estatutos, ni tampoco cómo debe ser el documento que los contenga.

Lo que contempla el párrafo 3.° del artículo 5.° de la Ley sobre Propiedad Horizontal es que los estatutos puedan estar contenidos en el mismo título constitutivo de la comunidad de propietarios, y dice:

«El título podrá contener, además, reglas de constitución y ejercicio del derecho y disposiciones no prohibidas por la ley en orden al uso y destino del edificio, sus diferentes pisos o locales, instalaciones y servicios, gastos, administración y gobierno, seguros, conservación y reparaciones, formando un estatuto privativo que no perjudicará a terceros si no ha sido inscrito en el Registro de la Propiedad».

Los estatutos también pueden constar en documento independiente, ya sea de carácter público o privado, aunque para poder ser inscrito en el Registro de la Propiedad y tener validez frente a terceras personas es preciso que dichos estatutos consten en documento público.

Normas de régimen interior

Además de los estatutos de la comunidad de propietarios, el conjunto de copropietarios puede fijar unas normas llamadas de régimen interior, relativas a detalles de convivencia y utilización de servicios y elementos comunes.

Las normas de régimen interior detallan algunos extremos de los estatutos de la comunidad.

Así, el artículo 6.° de la Ley sobre Propiedad Horizontal expone: «Para regular los detalles de la convivencia y la adecuada utilización de los servicios y cosas comunes, y dentro de los límites establecidos por la ley y los estatutos, el conjunto de propietarios podrá fijar normas de régimen interior que obligarán también a todo titular, mientras no sean modificadas en la forma prevista para tomar acuerdos sobre la administración».

Características de las normas de régimen interior

Las características de las llamadas normas o reglamento de régimen interior son las siguientes:

— Tratarse de una verdadera ordenanza de régimen interior del edificio, y por tanto, no aplicable sólo a los titulares de los distintos pisos o locales, sino también a todos cuantos en dicho edificio habiten o vayan a usarlo.

— Las normas de régimen interior o reglamento deben ser aprobadas y acordadas por los copropietarios reunidos en junta.

El artículo 6.° de la Ley sobre Propiedad Horizontal no dice si el acuerdo deberá ser adoptado por unanimidad o por simple mayoría, ni tampoco si el constructor o el propietario que quiere dividir la casa por pisos puede preconstituir dicho reglamento de antemano.

Algunos autores —como el Dr. Fuentes Lojo— consideran que la simple mayoría es suficiente; y en cuanto al segundo problema cree que el reglamento puede ser preconstituido por el constructor o propietario que pretenda vender el edificio por pisos, ya que está claro que la ley no lo prohíbe.

— El objeto de las normas de régimen interior debe ser «regular los detalles de convivencia y la adecuada utilización de los servicios comunes».
— Debe tenerse en cuenta que el reglamento o normas de régimen interior deben estar siempre dentro de los límites establecidos por la ley y por los estatutos.

Ejemplo de algunas materias que se pueden incluir en el reglamento o normas de régimen interior:

— Limitaciones de ruidos a horas intempestivas.
— Horario y lugar para sacudir alfombras o similares.
— Tendido de ropas, para no molestar a los demás propietarios.
— Prohibición de arrojar basuras u objetos a patios interiores.
— Bajada de basuras y demás desperdicios.
— Regulación del uso del ascensor.
— Limpieza de la escalera y del portal, cuando no exista portero en la finca.
— Cuidado de las instalaciones generales de luz, agua y electricidad.
— Colocación de antenas de televisión, etc.

Pueden incluirse todas las materias necesarias, relativas a normas de convivencia y de adecuada utilización de los servicios y elementos comunes.

En cuanto al tema de modificación de estas normas o reglamento, está claro que al ser este una consecuencia de un acuerdo de la mayoría de copropietarios, también pueden modificarlo, una vez se hayan reunido en la correspondiente junta convocada al efecto.

Sanciones por infracción de estatutos o normas de régimen interior

En algunas ocasiones, nos encontramos con que se infringen algunas de las obligaciones impuestas por las normas estatutarias o por las de régimen interior.

El artículo 7.2.° de la Ley sobre Propiedad Horizontal establece (desde la reforma del año 1999) que «al propietario y al ocupante del piso o local no les está permitido desarrollar en él o en el resto del inmueble actividades prohibidas en los estatutos, que resulten dañosas para la finca o que contravengan las disposiciones generales sobre actividades molestas, insalubres, nocivas, peligrosas o ilícitas.

»Caso que esto ocurra, el presidente de la comunidad (a iniciativa propia o de cualquiera de los propietarios u ocupantes) requerirá fehacientemente a quien realice las actividades prohibidas por este apartado la inmediata cesación de las mismas, bajo apercibimiento de iniciar las acciones judiciales procedentes».

¿Qué ocurre si el infractor persiste en su conducta? Entonces, el presidente (previa autorización de la junta de propietarios, debidamente convocada al efecto) podrá entablar contra aquel acción de cesación que, con algunas especialidades que la propia ley indica, se substanciará por las normas que regulan el juicio ordinario.

«Si la sentencia fuese estimatoria podrá disponer, además de la cesación definitiva de la actividad prohibida y la indemnización de daños y perjuicios que proceda, la privación del derecho del uso de la vivienda o local por tiempo no superior a tres años, en función de la gravedad de la infracción y de los perjuicios ocasionados a la comunidad».

Quebrantar los estatutos de la comunidad de propietarios puede llegar a estar sancionado con la expulsión temporal del vecino infractor.

Es muy importante tener en cuenta que en el caso de que el infractor no fuese el propietario, la sentencia podrá declarar extinguidos definitivamente todos sus derechos relativos a la vivienda o local así como su inmediato lanzamiento.

ESQUEMA DE ACTUACIONES ANTE ACTIVIDADES PROHIBIDAS

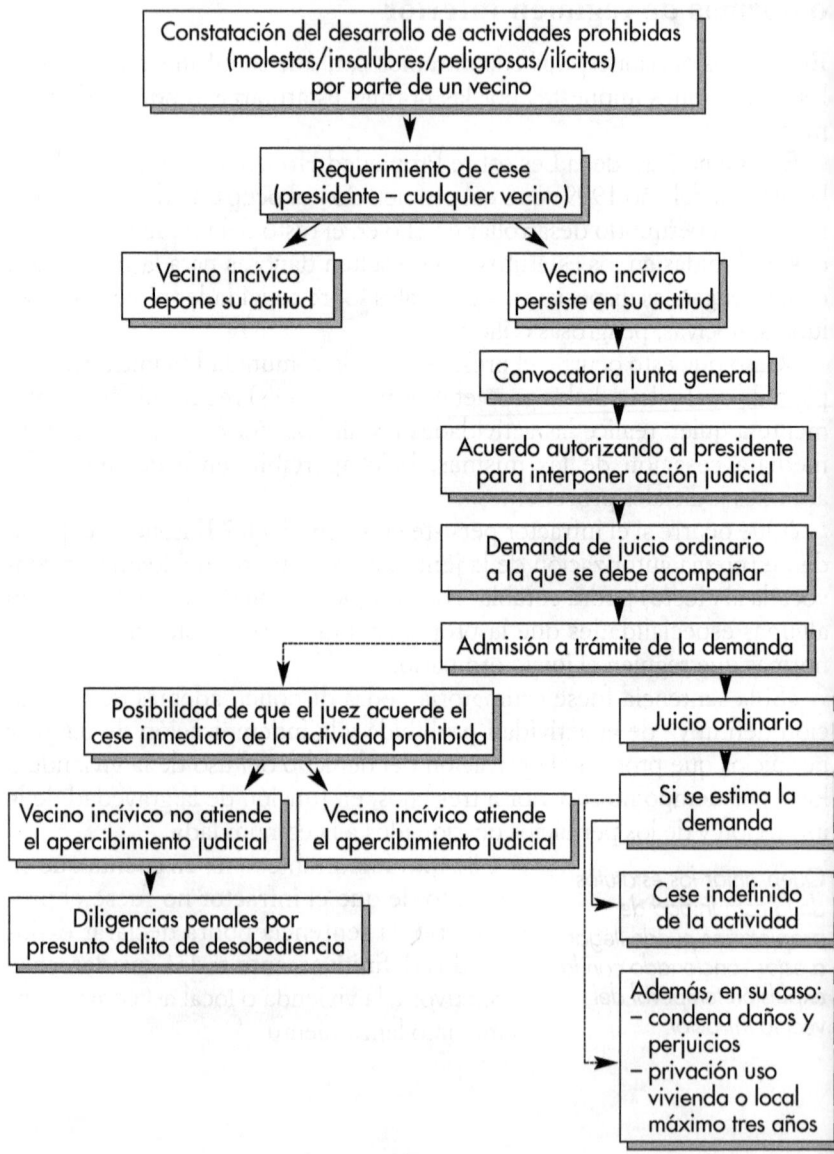

Constatación del desarrollo de actividades prohibidas
(molestas/insalubres/peligrosas/ilícitas)
por parte de un vecino

Requerimiento de cese
(presidente – cualquier vecino)

Vecino incívico
depone su actitud

Vecino incívico
persiste en su actitud

Convocatoria junta general

Acuerdo autorizando al presidente
para interponer acción judicial

Demanda de juicio ordinario
a la que se debe acompañar

Admisión a trámite de la demanda

Posibilidad de que el juez acuerde el
cese inmediato de la actividad prohibida

Juicio ordinario

Vecino incívico no atiende
el apercibimiento judicial

Vecino incívico atiende
el apercibimiento judicial

Si se estima la
demanda

Diligencias penales por
presunto delito de desobediencia

Cese indefinido
de la actividad

Además, en su caso:
– condena daños y
  perjuicios
– privación uso
  vivienda o local
  máximo tres años

MODELO DE ESTATUTO DE COMUNIDAD DE PROPIETARIOS

Por los que debe regirse la comunidad de propietarios de la casa n.° .... de la calle .... de esta ciudad de ....

Artículo 1.° «Los presentes estatutos regirán la comunidad de propietarios del edificio indicado, siendo de obligado cumplimiento para los propietarios actuales y futuros, en tanto no se modifiquen con arreglo a lo en ellos dispuesto y, en su caso, a la legislación vigente».

Art. 2.° «La comunidad tendrá su domicilio a todos los efectos en el propio edificio y su duración será indefinida».

Art. 3.° «El inmueble está integrado por portal, con casa-habitación para el portero, ... sótanos, ... locales comerciales, ... planta de oficinas, ... plantas, con .... pisos cada una, ... escaleras, ... ascensores, ... y montacargas».

Art. 4.° «La comunidad está integrada por los propietarios de los pisos y locales que componen la totalidad del edificio, y su participación en la misma será equivalente a la cuota que tiene asignada su respectiva propiedad individual, según la escritura de división horizontal, a saber:

»Local .... 2'03 %,
»Local .... 2'32 %,
»Piso .... 1'55 %, etc.».

Art. 5.° «Son de propiedad común los elementos indicados en el artículo 396 del Código Civil, y entre ellos, los siguientes: el solar donde está ubicado el inmueble, los aparcamientos, jardines y calles que ocupan el resto del solar, que hace una superficie no edificada de .... metros cuadrados; los cimientos, las paredes maestras y medianeras, las fachadas principal, posterior e interior, las conducciones generales de agua potable y electricidad, las canalizaciones de aguas fluviales y residuales, los vestíbulos, cuartos de contadores, los ascensores, las escaleras que conducen desde el sótano hasta la última planta, y todo ello cuanto en la finca sirva para uso de propiedad común».

Art. 6.º «Los copropietarios de pisos y locales poseen el dominio independiente y exclusivo de sus respectivos inmuebles, y por tanto el libre goce y disposición de los mismos, sin perjuicio de las limitaciones establecidas.

»Cada local o piso se entenderá constituido por la cabida comprendida dentro de sus muros y paredes actuales, cualquiera que sea su diferencia con la declarada en su inscripción, sin que pueda entablar reclamación alguna por exceso o defecto de cabida».

Art. 7.º «Los pisos deberán ser destinados necesariamente a viviendas, estando permitido en los locales la instalación de comercios e industrias, sin que pueda desarrollarse, tanto en unos como en otros, actividades molestas, insalubres, peligrosas, nocivas o ilícitas».

Art. 8.º «Los pisos o locales podrán ser arrendados, pero de los actos del arrendatario que supongan incumplimiento de estos estatutos, responderá su propietario ante la comunidad, debiéndose hacer constar en los contratos de alquiler las obligaciones que contraen de acatar y cumplir las normas acordadas».

Art. 9.º «Todo propietario podrá exigir de la comunidad la realización de cuantas obras necesarias deban practicarse en los elementos comunes, así como la reparación o sustitución de los servicios comunes que dejaren de funcionar normalmente por avería o destrucción».

Art. 10.º «Las reparaciones que hayan de efectuarse por negligencia o culpa de uno o varios propietarios, serán de cuenta de estos».

Art. 11.º «Los propietarios podrán hacer a sus expensas, dentro de su piso o local, cuantas modificaciones o mejoras crean convenientes, siempre que no afecten a ningún elemento común ni a la propiedad privativa de otro condueño, estando obligados a permitir la entrada en su piso o local a las personas que fueran a realizar en los mismos las reparaciones necesarias en las instalaciones o elementos generales».

Art. 12.° «Los gastos que origine la reparación o conservación de los elementos comunes, del sostenimiento de los servicios generales, así como los impuestos y arbitrios cargados o librados sobre la totalidad del inmueble, serán satisfechos por los propietarios de los pisos o locales con arreglo a sus respectivas cuotas. También será abonado por los propietarios el portero.

»Los locales están exentos de contribuir a los gastos de ascensores, limpieza y alumbrado de vestíbulo y escaleras, no así del alumbrado de soportales y farolas que circundan el inmueble.

»Para hacer frente a estos gastos, los comuneros abonarán dentro de los diez primeros días de cada mes una cuota, de acuerdo con el presupuesto anual aprobado y en proporción a su coeficiente de participación.

»La comunidad podrá exigir por vía judicial, de conformidad con el procedimiento establecido, las cuotas mensuales o el saldo a su favor de las liquidaciones, de aquellos propietarios que no lo abonen en su momento oportuno».

Art. 13.° «La comunidad estará regida por la junta de propietarios, un presidente, un secretario y un administrador».

Art. 14.° «La junta de propietarios es el órgano supremo de la comunidad, y sus acuerdos, siempre que sean adoptados en forma legal, obligan a todos los copropietarios. Corresponde a la junta:

»— Nombrar y remover a las personas que ejerzan los cargos de presidente, secretario y administrador.

»— Aprobar el plan de gastos e ingresos previsibles y las cuentas correspondientes.

»— Aprobar los presupuestos y la ejecución de todas las obras de reparación de la finca, sean ordinarias o extraordinarias, y ser informada de las medidas urgentes adoptadas por el administrador.

»— Aprobar o reformar los estatutos y determinar las normas de régimen interior.

»— Conocer y decidir en los demás asuntos de interés general para la comunidad, acordando las medidas necesarias o convenientes para el mejor servicio común».

Art. 15.° «La asistencia a la junta de propietarios será personal o por representación legal o voluntaria, bastando para acreditar esta un escrito privado firmado por el propietario.

»Si algún piso o local perteneciese proindiviso a diferentes propietarios, estos nombrarán un representante para asistir y votar en las juntas».

Art. 16.° «Los quórum para la adopción de acuerdos de la junta de propietarios se sujetarán a las normas que al respecto se establecen en la Ley sobre Propiedad Horizontal».

Art. 17.° «El presidente ostentará legalmente la representación de la comunidad, en juicio y fuera de él, en todos los asuntos que la afecten, y será nombrado entre los propietarios mediante elección. El cargo tendrá una duración de dos años, pudiendo ser reelegido sin límite alguno.

»La junta designará, asimismo, un vicepresidente, un secretario y un administrador; cargos todos ellos incompatibles con el de secretario».

Art. 18.° «La junta podrá reunirse válidamente, aun sin la convocatoria del presidente, siempre que concurran la totalidad de los propietarios y así lo decidan».

Art. 19.° «La asistencia a la junta de propietarios será personal o por representación legal o voluntaria, bastando para acreditar esta un escrito firmado por el propietario».

Art. 20.° «Si algún piso o local perteneciese proindiviso a diferentes propietarios, estos nombrarán un representante para asistir y votar en las juntas.

»Si la vivienda o local se hallare en usufructo, la asistencia y el voto corresponderá al nudo propietario».

Art. 21.° «Los acuerdos de la junta de propietarios se reflejarán en un libro de actas diligenciado por el registrador de la propiedad.

»El secretario custodiará los libros de actas de la junta de propietarios. Asimismo, deberá conservar durante el plazo de cinco años las convocatorias, comunicaciones, apoderamientos y demás documentos relevantes de las reuniones».

Art. 22.° «Para ser administrador deberá estarse en posesión del título de Administrador de Fincas Colegiado, siendo sus funciones las siguientes:

»— Velar por el buen régimen de la casa, sus instalaciones y servicios, y hacer a estos efectos, las oportunas advertencias y apercibimientos a los titulares.

»— Preparar con la debida antelación, y someter a la junta, el plan de gastos previsibles, proponiendo los medios necesarios para hacer frente a los mismos.

»— Atender a la conservación y entretenimiento de la casa, disponiendo las reparaciones urgentes, dando inmediata cuenta de ellas al presidente, o en su caso, a los propietarios.

»— Ejecutar los acuerdos adoptados en materia de obras, y efectuar los pagos y realizar los cobros que sean procedentes.

»— Actuar, en su caso, como secretario de la junta, y custodiar a disposición de los titulares la documentación de la comunidad.

»— Todas las demás atribuciones que se confieran por la junta».

Art. 23.° «Los acuerdos de la junta de propietarios se reflejarán en un libro de actas debidamente diligenciado».

Art. 24.° «La totalidad del inmueble deberá estar, en todo momento, asegurada, como mínimo, contra los riesgos de incendios, daños por agua, responsabilidad civil y robo. La prima de la póliza será sufragada mediante el fondo de reserva de la comunidad».

Art. 25.° «Al propietario y al ocupante del piso o local no les está permitido desarrollar en él, o en el resto del inmueble, actividades prohibidas en los estatutos, que resulten dañosas para la finca o que contravengan las disposiciones generales sobre actividades molestas, insalubres, nocivas, peligrosas o ilícitas.

»El presidente de la comunidad, a iniciativa propia o de cualquiera de los propietarios u ocupantes, requerirá a quien realice las mencionadas actividades prohibidas la inmediata cesación de las mismas, bajo apercibimiento de iniciar las acciones judiciales procedentes.

»Si el infractor persistiere en su conducta, el presidente, previa autorización de la junta de propietarios, debidamente convocada al efecto, podrá entablar contra él la correspondiente acción judicial».

Art. 26.° «Constituye obligación primordial de todo propietario contribuir a los gastos generales para el adecuado sostenimiento del inmueble, sus servicios, cargas y responsabilidades que no sean susceptibles de individualización, así como contribuir a la dotación del fondo de reserva que se constituye para atender las obras de conservación y reparación de la finca.

»Las obligaciones mencionadas en el precedente párrafo deberán cumplirse por el propietario de la vivienda o local en el tiempo y forma que determine la junta.

»En caso de incumplimiento, el presidente o el administrador, si así lo acordase la junta de propietarios, podrá exigirlo judicialmente, previa certificación del acuerdo de la junta. Aprobando la liquidación de la deuda con la comunidad de propietarios por quien actúe como secretario de la misma, con el visto bueno del presidente, siempre que tal acuerdo haya sido notificado a los propietarios afectados en la forma establecida en la ley».

Art. 27.° «En todo lo no previsto en los presentes estatutos, se estará a lo dispuesto en la Ley sobre Propiedad Horizontal y demás normas que sean de aplicación».

En la ciudad de ...., a ..... de ...... de ....

MODELO DE REGLAMENTO DE RÉGIMEN INTERIOR

NORMAS DE RÉGIMEN INTERIOR de la comunidad de propietarios del edificio sito en la calle .... n.º .... de la ciudad de ....

Artículo 1.º «Este reglamento de régimen interior contiene las normas para regular la convivencia, buenas relaciones de vecindad y el adecuado uso y utilización de las instalaciones, servicios, y demás cosas comunes, siendo de obligado cumplimiento para todos los propietarios, arrendatarios y servidores».

Art. 2.º «La junta de propietarios queda facultada para hacer las indicaciones pertinentes y adoptar las resoluciones que procedan en orden a mantener, en todo momento, el rango moral y el concepto de residencia privada del inmueble».

Art. 3.º «La hora de apertura y cierre del portal de entrada al edificio será de .... hora a .... hora.

»De los perjuicios que por incumplimiento de esta norma pudiera ocasionarse, serán responsables los dueños del piso o local a que corresponda la persona negligente».

Art. 4.º «El ascensor no deberá ser usado en ningún caso por personas menores de catorce años, salvo que vayan acompañadas de otras mayores de dicha edad. Esta advertencia deberá quedar fijada en una placa en el ascensor».

Art. 5.º «Los propietarios no podrán realizar obras en las fachadas exteriores del edificio, variar la pintura ni instalar elementos que modifiquen su estado y configuración arquitectónica. Cuando fuera necesario realizar alguna reparación, se decidirá en junta, que podrá aprobar su ejecución, siempre que la fachada exterior conserve su uniformidad».

Art. 6.° «Queda terminantemente prohibido tender ropa en la fachada exterior, así como colocar objetos en los balcones y ventanas, autorizándose sólo macetas de flores y adornos de tamaño reducido, cuidándose de que queden bien sujetos y de evitar que el riego produzca goteras».

Art. 7.° «La limpieza y sacudida de alfombras, tapices, esteras, etc., así como el riego de macetas, deberá hacerse a las horas señaladas en las Ordenanzas Municipales».

Art. 8.° «Queda prohibido ejercer en el interior de los pisos o locales actividades incómodas, insalubres y peligrosas, así como tener animales domésticos que no estén tolerados por las vigentes disposiciones sanitarias o de la policía municipal».

Art. 9.° «Los pisos serán destinados a viviendas. Cualquier aparato tales como receptores de radio, televisión, etc. se regularán de forma que su funcionamiento no trascienda ni moleste a los otros pisos o locales».

Art. 10.° «Se mantendrá un alumbrado adecuado y suficiente en los elementos comunes, tales como portal, escaleras, corredores, ascensores».

Art. 11.° «No se permitirá dejar bicicletas, carritos de niño ni cualquier otro objeto en las escaleras, vestíbulo ni portal».

Art. 12.° «Las basuras se depositarán en los bidones destinados a tal fin de .... hora a .... hora».

Art. 13.° «No se escandalizará ni en el interior de cada piso ni en los lugares de uso común, para no afectar a la tranquilidad de los demás copropietarios».

Art. 14.° «El incumplimiento de lo preceptuado en cualquiera de los artículos de este reglamento, sin perjuicio de resarcir los daños a que hubieran lugar, podrá ser sancionado por la junta con una multa de 30 a 600 euros, según la importancia de cada caso, y cuyos importes engrosarán los fondos de la comunidad».

Art. 15.º «Los servicios del portero serán regulados por el administrador».

Art. 16.º «Las presentes normas entrarán en vigor a partir de la fecha de su aprobación por la junta de propietarios».

En la ciudad de .... a .... de .... de ....

CAPÍTULO IV

Derechos y obligaciones del propietario

Cada uno de los vecinos, por tal condición, goza de una serie de derechos, pero al mismo tiempo debe cumplir determinadas obligaciones, tanto por lo que respecta a su piso o local, como por lo que atañe a los elementos comunes.

Derechos del copropietario

Como ya hemos mencionado anteriormente, el propietario de un piso o local goza de dos tipos de derechos: uno de propiedad privativa sobre el mismo, y otro en relación a los elementos y servicios comunes.

Derecho de propiedad sobre un piso o local

Al copropietario le corresponde un derecho exclusivo de propiedad, que puede tener una persona o varias sobre cada piso o local, o sea un derecho sobre «un espacio suficientemente delimitado y susceptible de aprovechamiento independiente».

Es un derecho de cada propietario disponer libremente de su derecho exclusivo de propiedad privativa, pudiendo hacer con su piso o local lo que crea conveniente; así, puede arrendarlo, donarlo, venderlo, ceder su posesión, etc., siempre y cuando se efectúe dentro de la normativa vigente.

El artículo 7.º de la Ley sobre Propiedad Horizontal, en su redacción dada por la reforma del año 1999, reconoce el derecho de cada propietario a modificar su piso en lo que le convenga, siempre que no afecte a la seguridad del edificio, a su estructura, a su configuración exterior, o que perjudique a otro propietario, todo ello comunicándolo previamente a quien represente a la comunidad, y relacionando las obras que se desean efectuar.

Artículo 7.º «1.º El propietario de cada piso o local, así como de cualquier otra parte de la edificación susceptible de aprovechamiento independiente, podrá modificar los elementos arquitectónicos, instalaciones o servicios de aquel cuando no menoscabe o altere la seguridad del edificio, su estructura general, su configuración o estado exteriores, o perjudique los derechos de otro propietario, debiendo dar cuenta de tales obras previamente a quien represente a la comunidad.

»En el resto del inmueble no podrá realizar alteración alguna y si advirtiere la necesidad de reparaciones urgentes deberá comunicarlo sin dilación al administrador.

»2.º Al propietario y al ocupante del piso o local no les está permitido desarrollar en él o en el resto del inmueble actividades prohibidas en los estatutos, que resulten dañosas para la finca o que contravengan las disposiciones generales sobre actividades molestas, insalubres, nocivas, peligrosas o ilícitas.

»El presidente de la comunidad, a iniciativa propia o de cualquiera de los propietarios u ocupantes, requerirá a quien realice las actividades prohibidas por este apartado la inmediata cesación de las mismas, bajo apercibimiento de iniciar las acciones judiciales procedentes.

»Si el infractor persistiere en su conducta, el presidente, previa autorización de la junta de propietarios, debidamente convocada al efecto, podrá entablar contra él acción de cesación que, en lo no previsto expresamente por este artículo, se sustanciará por las normas que regulan el juicio ordinario.

»Presentada la demanda, acompañada de la acreditación del requerimiento fehaciente al infractor y de la certificación del acuerdo adoptado por la junta de propietarios, el juez podrá acordar con carácter cautelar la cesación inmediata de la actividad prohibida, bajo apercibimiento de incurrir en delito de desobediencia. Podrá adoptar asimismo cuantas medidas cautelares fueran precisas para asegurar la efectividad de la orden de cesación. La demanda habrá de dirigirse contra el propietario y, en su caso, contra el ocupante de la vivienda o local.

»Si la sentencia fuese estimatoria podrá disponer, además de la cesación definitiva de la actividad prohibida y la indemnización de daños y perjuicios que proceda, la privación del derecho del uso de la vivienda o local por tiempo no superior a tres años, en función de la gravedad de la infracción y de los perjuicios ocasionados a la comunidad. Si el infractor no fuese el propietario, la sentencia podrá declarar extinguidos definitivamente todos sus derechos relativos a la vivienda o local, así como su inmediato lanzamiento».

La reforma de la ley en este aspecto ha supuesto la desaparición de las actividades inmorales en cuanto a una de las actividades que se prohíben desarrollar en el inmueble, añadiendo las actividades ilícitas. Desde ahora sólo se podrán prohibir las actuaciones inmorales si se pueden calificar de ilícitas, molestas, dañosas, insalubres, nocivas o peligrosas.

Con todo, la reforma más significativa es la importancia de la sanción que el desarrollo de las actividades puede conllevar. Ahora, la privación del derecho de uso puede ser de hasta tres años, además de las eventuales indemnizaciones por daños y perjuicios. Se ha añadido la posibilidad de que se adopten medidas cautelares por parte del juez, con la finalidad de que cesen las actividades denunciadas.

Es importante tener en cuenta que si la persona que ha desarrollado la actividad molesta, insalubre, nociva, peligrosa o ilícita es un inquilino, quede privada de todo derecho sobre el piso o local; es decir, que se declare la extinción total del arrendamiento en virtud del cual viniese ocupando el piso o local.

Cada propietario tiene el derecho de gravar el piso o local como le convenga. El gravamen más común es la hipoteca del piso o local, a fin de que este sirva como garantía de la devolución de una determinada cantidad económica.

El artículo 396 del Código Civil, en la redacción dada por la Disposición Adicional de la Ley de Reforma de la Propiedad Horizontal de 6 de abril de 1999, establece que «cada piso o local puede ser enajenado (es decir, vendido y, en general, transmitido) o gravado por su propietario».

Derecho de división material del piso o local

El **artículo 8.°** se refiere a este extremo afirmando:

«Los pisos o locales y sus anejos podrán ser objeto de división material, para formar otros más reducidos e independientes y aumentados por agregación de otros colindantes del mismo edificio, o disminuidos por segregación de alguna parte.

»En tales casos se requerirá, además del consentimiento de los titulares afectados, la aprobación de la junta de propietarios, a la que incumbe la fijación de las nuevas cuotas de participación para los pisos reformados, con sujeción a lo dispuesto en el artículo 5.°, sin alteración de las cuotas restantes.»

Según este artículo el propietario de un piso o local tiene derechos para reducirlo o aumentarlo, según convenga, pero deberá cumplir unos requisitos:

— Realizar alguna división, o sea reducir o aumentar el piso o local, siempre dentro del mismo edificio.
— Es necesario el consentimiento de todos los afectados que sean titulares.
— La aprobación de la junta de propietarios es indispensable. Su acuerdo debe ser unánime, ya que nos hallamos ante una alteración del título constitutivo (de la escritura pública de constitución de la propiedad horizontal).
— Debe realizarse una fijación de nuevas cuotas de participación para los pisos reformados. Para ello también se precisa la unanimidad.
— Que no se alteren las cuotas de los propietarios no afectados, ya que los que no participan en la reducción o aumento de la superficie de su piso o local no tienen por qué ver modificada su cuota.

Derecho a ejercitar la acción de división de la cosa común

Esto viene referido al supuesto que el piso o local pertenezca a varias personas, no a la comunidad de propietarios. El **artículo 4.°** de la Ley sobre Propiedad Horizontal dice:

«La acción de división no procederá para hacer cesar la situación que regula esta ley. Sólo podrá ejercitarse por cada propietario proindiviso sobre un piso o local determinado circunscrito al mismo; y siempre que la proindivisión no haya sido establecida de intento para el servicio o utilidad común de todos los propietarios».

Nos podemos encontrar con el problema de que varias personas sean propietarias de un piso o local, y alguna de ellas no desee continuar con la indivisión (es decir, con que el piso o local pertenezca a todas ellas por igual).

Ningún vecino puede, por sí solo, pedir al juzgado que cese el régimen de propiedad horizontal.

Es frecuente que no siempre existan relaciones amistosas en estos casos. La ley se ocupa de tales situaciones mediante la acción de división de cosa común, que puede ser ejercitada judicialmente por cualquiera de los condueños.

Derecho a modificar el piso o local

El **artículo 7.º** dice: «El propietario de cada piso o local, así como de cualquier otra parte de la edificación susceptible de aprovechamiento independiente, podrá modificar los elementos arquitectónicos, instalaciones o servicios de aquel cuando no menoscabe o altere la seguridad del edificio, su estructura general, su configuración o estado exteriores, o perjudique los derechos de otro propietario, debiendo dar cuenta de tales obras previamente a quien represente a la comunidad».

Debe tenerse en cuenta que en el resto del inmueble, el copropietario no podrá realizar alteración alguna, y que si advirtiere la necesidad de reparaciones urgentes deberá comunicarlo sin dilación al administrador de la finca.

Algunos ejemplos de modificaciones son: sustitución de bañera y demás útiles de aseo, instalación de estanterías de obra, cambio de azulejos, construcción de una chimenea, construcción de armarios empotrados, construcción de un falso techo, etc.

Hay otras modificaciones que no son tan claras, como por ejemplo, el cierre de una galería. Según el Dr. Fuentes Lojo, «en principio, cerrar una galería abierta no es ganar un espacio, sino limitarlo y, si al hacerlo se utiliza una plancha de uralita y unos cierres laterales con placas del mismo material, montados sobre bastidores o marcos de madera sujetos con listones o tornillos, para cuya instalación no se ha hecho obra de albañilería o de fábrica, ni se ha empotrado ni incorporado al inmueble de manera permanente, no debe considerarse cambio de configuración».

Otras obras que no pueden realizarse son la apertura de nuevas ventanas, pues supone un cambio de configuración, o la transformación de una puerta en escaparate, que afecta al estado exterior del inmueble.

Derecho de arrendar el piso o local

Dado que el propietario tiene un derecho de libre disposición sobre su piso o local, no existe ningún problema en cuanto a que pueda arrendarlo a quien le convenga, siempre y cuando no esté prohibido por los estatutos o las normas de régimen interior del edificio.

El arrendamiento de un piso o local se regirá por la Ley de Arrendamientos Urbanos del año 1994 (LAU). Téngase en cuenta que si el piso o local pertenece proindiviso a varias personas, el contrato de arrendamiento puede ser celebrado válidamente por uno de ellos, puesto que se trata de un acto de mera administración y no disposición que, en tales casos, sería necesario el consentimiento de todos.

Derecho de dar en usufructo el piso o local

El **artículo 3.**º de la Ley sobre Propiedad Horizontal afirma: «Cada propietario puede disponer libremente de su derecho y, entre tales facultades, está la de constituir un usufructo sobre el piso o local». Un usufructo consiste en desdoblar el derecho de propiedad entre una persona, el nudo propietario, y otra, el usufructuario, de tal modo que el segundo sea quien use el piso o local, y el primero quien, pese a no utilizarlo, mantenga el derecho de propiedad sobre el mismo.

Según el **artículo 15.**º, «si la vivienda se hallare en usufructo, la asistencia y el voto corresponderá al nudo propietario, quien, salvo manifestación en contrario, se entenderá representado por el usufructuario, debiendo ser expresa la delegación cuando se trate de acuerdos en los que sea precisa la unanimidad o de obras extraordinarias y de mejora».

Derecho de tanteo y retracto

El penúltimo párrafo del artículo 396 del Código Civil establece lo siguiente:

«En caso de enajenación de un piso o local, los dueños de los demás, por este título, no tendrán derecho de tanteo ni de retracto», de donde se infiere que la ley es, en principio, contraria a tales derechos.

No obstante, la junta de propietarios puede incluir, válidamente, en los estatutos de la comunidad la existencia de un pacto en tal sentido.

¿En qué consisten los derechos de tanteo y de retracto?

Derecho de tanteo es el que tiene otorgada una persona (legal o contractualmente) para adquirir una cosa que su dueño pretende transferir a otro, ocupando aquella la posición jurídica de contratante en lugar de este otro.

Derecho de retracto, según el artículo 1521 del Código Civil, «es el derecho de subrogarse, es decir, de ocupar la posición jurídica de otro, con las mismas condiciones estipuladas en el contrato, en lugar del que adquiere una cosa por compra o dación en pago».

El derecho de tanteo y de retracto del que puede gozar el inquilino, al amparo de lo que establece el artículo 25.º de la LAU es: «El arrendador, es decir, la persona que otorga el contrato y que, normalmente, será el propietario del piso, está obligado a notificar fehacientemente (mediante notario o por cualquier otro medio que acredite su recepción) la decisión de vender la finca arrendada, el precio y las demás condiciones esenciales de la transmisión.

»Durante el plazo de treinta días naturales siguientes a la recepción, el arrendatario (el inquilino) podrá ejercitar un derecho de adquisición sobre la vivienda, es decir, podrá hacer valer un derecho de tanteo.

»Cuando no se hubiese hecho la notificación referida, o esta fuese defectuosa, o si resultase inferior el precio de la compraventa, o menos onerosas sus restantes condiciones, el arrendatario podrá entonces ejercitar lo que se denomina derecho de retracto, que caducará a los treinta días naturales siguientes a la notificación, que en forma fehaciente deberá hacer el adquirente al arrendatario de las condiciones esenciales de la compraventa».

De acuerdo con el artículo 1518 del Código Civil, el ejercicio del derecho de retracto implica para el arrendatario haber de pagar al comprador de la vivienda el precio que hubiese satisfecho, los gastos del contrato, los legítimos hechos para la venta y los necesarios y útiles hechos en la cosa vendida.

Es importante señalar que dichos derechos de tanteo y de retracto no existirán cuando la vivienda arrendada se venda conjuntamente con las restantes viviendas o locales de la misma finca, y que a tales derechos sólo puede renunciar válidamente el arrendatario si el contrato se suscribe por una duración superior a cinco años.

En caso de venta de un piso o local los restantes vecinos no tienen reconocido por ley derecho de adquisición preferente alguno.

Otro punto que hay que tener en cuenta es que para poder inscribir en el Registro de la Propiedad los títulos de venta de viviendas que han sido arrendadas, deberá justificarse debidamente que han tenido lugar las notificaciones prevenidas en los apartados anteriores, con los requisitos que se exigen.

Cuando la vivienda vendida no estuviese arrendada, para que sea inscribible la adquisición, el vendedor deberá declararlo así en la escritura, bajo la pena de falsedad en documento público.

Otros derechos del propietario

Además de todos los derechos que corresponden al propietario en relación con su piso o local, está claro que este tiene derecho a donar o regalar el apartamento.

Asimismo, el propietario tiene derecho a participar en los beneficios, si los hay, que puedan rendir las cosas comunes.

Y desde luego, el copropietario tiene derecho a impugnar los acuerdos de la junta de vecinos que estime perjudiciales, siempre dentro de la normativa vigente y de los plazos previstos.

Obligaciones del copropietario

El **artículo 9.**° de la Ley sobre Propiedad Horizontal, en la redacción dada por la Ley 8/1999, de 6 de abril, expone:

«Son obligaciones de cada propietario:

»1.° Respetar las instalaciones generales de la comunidad y demás elementos comunes, ya sean de uso general o privativo de cualquiera de los propietarios, estén o no incluidos en su piso o local, haciendo un uso adecuado de los mismos y evitando en todo momento que se causen daños o desperfectos.

»2.° Mantener en buen estado de conservación su propio piso o local e instalaciones privativas, en términos que no perjudiquen a la comunidad o a los otros propietarios, resarciendo los daños que ocasione por su descuido o el de las personas por quienes deba responder.

»3.° Consentir en su vivienda o local las reparaciones que exija el buen servicio del inmueble, y permitir en él las servidumbres imprescindibles requeridas para la creación de servicios comunes de interés general, acordados conforme a lo establecido en el artículo 17, teniendo derecho a que la comunidad le resarza de los daños y perjuicios ocasionados.

»4.° Permitir la entrada en su piso o local a los efectos prevenidos en los tres apartados anteriores.

»5.° Contribuir, con arreglo a lo especialmente establecido, a los gastos generales para el adecuado sostenimiento del inmueble, sus servicios, cargas y responsabilidades que no sean susceptibles de individualización.

»Los créditos a favor de la comunidad, derivados de la obligación de contribuir al sostenimiento de los gastos generales, correspondientes a las cuotas imputables a la parte vencida de la anualidad en curso, y al año natural inmediatamente anterior, tienen la condición de preferentes a efectos del artículo 1923 del Código Civil, y preceden, para su satisfacción, a los enumerados en los apartados 3.°, 4.° y 5.° de dicho precepto, sin perjuicio de la preferencia establecida a favor de los créditos salariales en el Estatuto de los Trabajadores.

»El adquirente de una vivienda o local en régimen de propiedad horizontal, incluso con título inscrito en el Registro de la Propiedad, responde con el propio inmueble adquirido de las cantidades adeudadas a la comunidad de propietarios para el sostenimiento de los gastos generales por los anteriores titulares, hasta el límite de los que resulten imputables a la parte vencida de la anualidad en la que tenga lugar la adquisición, y al año natural inmediatamente anterior. El piso o local estará legalmente afecto al cumplimiento de esta obligación.

»En el instrumento público mediante el que se transmita, por cualquier título, la vivienda o local, el transmitente deberá hallarse al corriente en el pago de los gastos generales de la comunidad de propietarios o expresar los que adeude. El transmitente deberá aportar en este momento certificación sobre el estado de deudas con la comunidad coincidente con su declaración, sin la cual no podrá autorizarse el otorgamiento del documento público, salvo que fuese exonerado de esta obligación por el adquirente. La certificación será emitida en el plazo máximo de siete días naturales desde su solicitud por quien ejerza las funciones de secretario, con el visto bueno del presidente, quienes responderán, en caso de culpa o negligencia, de la exactitud de los datos consignados en la misma, y de los perjuicios causados por el retraso en su emisión.

»6.° Contribuir, con arreglo a su respectiva cuota de participación, a la dotación del fondo de reserva que existirá en la comunidad de propietarios para atender las obras de conservación y reparación de la finca.

»El fondo de reserva, cuya titularidad corresponde a todos los efectos a la comunidad, estará dotado con una cantidad que en ningún caso podrá ser inferior al cinco por ciento de su último presupuesto ordinario.

»Con cargo al fondo de reserva, la comunidad podrá suscribir un contrato de seguro que cubra los daños causados en la finca, o bien concluir un contrato de mantenimiento permanente del inmueble y sus instalaciones generales.

»7.° Observar la diligencia debida en el uso del inmueble y en sus relaciones con los demás titulares, y responder ante estos de las infracciones cometidas y daños causados.

»8.° Comunicar a quien ejerza las funciones de secretario de la comunidad, por cualquier medio que permita tener constancia de su recepción, el domicilio en España a efectos de citaciones y notificaciones de toda índole relacionadas con la comunidad. En defecto de esta comunicación, se tendrá por domicilio para citaciones y notificaciones el piso o local perteneciente a la comunidad, surtiendo plenos efectos jurídicos las entregadas al ocupante del mismo.

»Si intentada una citación o notificación al propietario fuese imposible practicarla en el lugar prevenido en el párrafo anterior, se entenderá realizada mediante la colocación de la comunicación en el tablón de anuncios de la comunidad, o en lugar visible de uso general habilitado al efecto, con diligencia expresiva de la fecha y motivos por los que se procede a esta forma de notificación, firmada por quien ejerza las funciones de secretario de la comunidad con el visto bueno del presidente. La notificación practicada de esta forma producirá plenos efectos jurídicos en el plazo de tres días naturales.

»9.º Comunicar a quien ejerza las funciones de secretario de la comunidad, por cualquier medio que tenga constancia de su recepción, el cambio de titularidad de la vivienda o local.

»Quien incumpliere esta obligación seguirá respondiendo de las deudas con la comunidad devengadas con posterioridad a la transmisión de forma solidaria con el nuevo titular, sin perjuicio del derecho de aquel a repetir sobre este.

»Lo dispuesto en el párrafo anterior no será de aplicación cuando cualquiera de los órganos de gobierno establecidos en el artículo 13 hayan tenido conocimiento del cambio de titularidad de la vivienda o local por cualquier otro medio o por actos concluyentes del nuevo propietario, o bien cuando dicha transmisión resulte notoria.

»Para la aplicación de las reglas precedentes se reputarán generales los gastos que no sean imputables a uno o varios pisos o locales, sin que la no utilización de un servicio exima del cumplimiento de las obligaciones correspondientes, sin perjuicio de lo establecido en el artículo 11.2 de esta ley».

Obligación de respetar las instalaciones generales de la comunidad

Esta obligación se extiende tanto a las instalaciones generales de la finca, como a las particulares de cada propietario, independientemente de que se hallen en su piso o local.

El propietario debe hacer un uso adecuado de las instalaciones generales y demás elementos comunes y debe evitar que se dañen o perjudiquen. Ello implica tanto un deber de hacer en el sentido de reparar los desperfectos urgentes, como un deber semiactivo de soportar las molestias causadas por la reparación de los desperfectos.

Obligación de mantener en buen estado de conservación el propio piso o local

Esta obligación se establece en cuanto la mala conservación del piso o local pueda perjudicar a la comunidad o a los otros propietarios.

La importancia de dicha obligación se refuerza con el deber de resarcir los daños derivados de la conducta descuidada del propietario y de las personas por quienes deba responder.

Obligación de consentir en su vivienda o local las reparaciones que exija el buen servicio del inmueble

La vida en comunidad conlleva que si es preciso efectuar reparaciones, el propietario deba pechar con las molestias que estas acarreen.

Obligación de permitir en la vivienda o local las servidumbres imprescindibles requeridas para la creación de servicios comunes de interés general.

No obstante, la ley reconoce al propietario el derecho a que la comunidad le resarza de los daños y perjuicios ocasionados.

Obligación de contribuir a los gastos generales

Obligación que tiene todo propietario de un piso o local constituido en régimen de propiedad horizontal, para el adecuado sostenimiento del inmueble, sus servicios, cargas y responsabilidades que no sean susceptibles de individualización.

La reforma de la Ley sobre Propiedad Horizontal ha supuesto una clarificación en cuanto al régimen de responsabilidad, ya que, se establece que «los créditos a favor de la comunidad derivados de esta obligación, correspondientes a las cuotas imputables a la parte vencida de la anualidad en curso y al año natural inmediatamente anterior, tienen la condición de preferentes, incluso a las anotaciones hipotecarias, con la sola excepción de los créditos de los trabajadores mencionados en la legislación laboral, de los del estado y los de las compañías aseguradoras.

Dice este artículo que «el adquirente de una vivienda o local en régimen de propiedad horizontal, incluso si su título está inscrito en el Registro de la Propiedad, responde con el propio inmueble adquirido de las cantidades adeudadas a la comunidad de propietarios para el sostenimiento de los gastos generales por los anteriores titulares, con el límite de los que resulten imputables a la parte vencida de la anualidad, en la cual tenga lugar la adquisición y al año natural inmediatamente anterior. Al cumplimiento de esta obligación estará legalmente afecto el piso o local. Cuando la vivienda o local se transmita mediante escritura pública, compraventa, donación, permuta, etc., el transmitente deberá hallarse al corriente en el pago de los gastos generales de la comunidad de propietarios o expresar los que adeude».

En el momento de la firma, el transmitente deberá aportar certificación sobre el estado de deudas con la comunidad, coincidente con su declaración, sin la cual no podrá autorizarse el otorgamiento del documento público, salvo que fuese exonerado de esta obligación por el adquirente.

A fin de que la emisión del certificado no sea causa de retraso de la escritura, la ley dice que la certificación debe ser emitida por quien ejerza las funciones de secretario, con el visto bueno del presidente, en el plazo máximo de siete días naturales desde su solicitud.

El comprador debe responder por las deudas que el vendedor hubiera contraído con la comunidad de propietarios.

Si se incumple este plazo o si su contenido no es exacto, la ley les hace responder, en caso de culpa o negligencia, de la exactitud de los datos consignados en la misma, y de los perjuicios causados por el retraso en su emisión.

Obligación de contribuir a la dotación del fondo de reserva

La reforma del año 1999 ha establecido la obligación de crear un fondo de reserva para atender las obras de conservación y reparación de la finca.

71

Este fondo de reserva, cuya titularidad corresponde a todos los efectos a la comunidad, estará dotado con una cantidad que en ningún caso podrá ser inferior al cinco por ciento de su último presupuesto ordinario.

La ley establece la posibilidad de que, con cargo al fondo de reserva, la comunidad suscriba un contrato de seguro que cubra los daños causados en la finca, o un contrato de mantenimiento permanente del inmueble y sus instalaciones generales.

Es obligación esencial del copropietario la de contribuir a la dotación de un fondo de reserva.

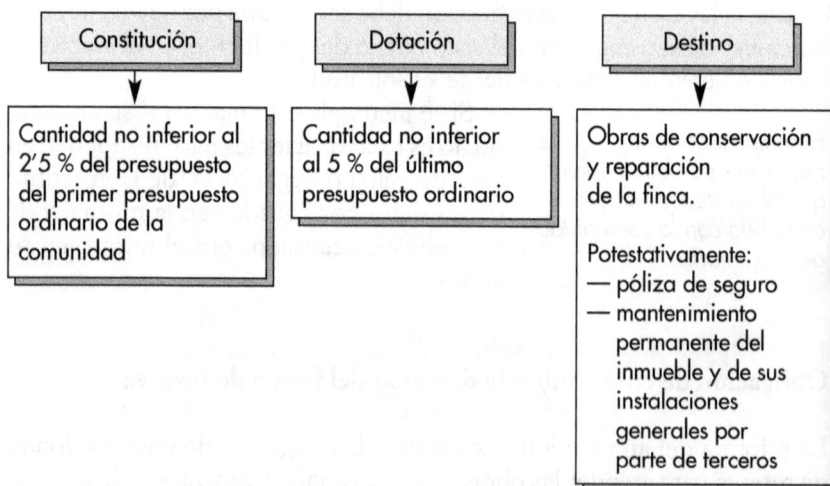

La contratación de una póliza de seguro tiene gran trascendencia. Según el artículo 23.1 de la Ley, una de las causas de extinción del régimen de propiedad horizontal es, salvo pacto en contrario, la destrucción del edificio, considerándose que esta acaece cuando el coste de la reconstrucción exceda del cincuenta por ciento del valor de la finca al tiempo de ocurrir el siniestro, a menos que el exceso de dicho coste esté cubierto por un seguro. Por tanto, la existencia de un seguro puede llegar a evitar la desaparición de la misma propiedad horizontal.

FONDO DE RESERVA

Constitución	Dotación	Destino
Cantidad no inferior al 2'5 % del presupuesto del primer presupuesto ordinario de la comunidad	Cantidad no inferior al 5 % del último presupuesto ordinario	Obras de conservación y reparación de la finca. Potestativamente: — póliza de seguro — mantenimiento permanente del inmueble y de sus instalaciones generales por parte de terceros

Obligación de observar la diligencia debida en el uso del inmueble y en sus relaciones con los demás titulares

Todo propietario debe respetar los elementos comunes del inmueble y comportarse adecuadamente con los vecinos. A pesar de no poderse definir con precisión tales términos, será la realidad social de cada momento y las circunstancias de cada caso las que indiquen si una conducta es merecedora de sanción o no.

Obligación de comunicar un domicilio en España a efectos de citaciones y notificaciones de toda índole relacionadas con la comunidad

Debe efectuarse por el titular residente en el extranjero a quien ejerza las funciones de secretario de la comunidad. La ley permite que se haga por cualquier medio que tenga constancia de su recepción.

Si no cumple esta obligación, se tendrá por domicilio para citaciones y notificaciones el piso o local en cuestión perteneciente a la comunidad, surtiendo plenos efectos jurídicos los entregados al ocupante del mismo, aunque no guarde ninguna relación con el titular residente en el extranjero.

Si el piso o local se hallare desocupado, la ley dice: «Si intentada una citación o notificación al propietario, fuese imposible practicarla en la forma mencionada, se entenderá efectivamente realizada mediante la colocación de la comunicación en el tablón de anuncios de la comunidad, o en lugar visible de uso general habilitado al efecto, con diligencia expresiva de la fecha, y motivos por los que se procede a esta forma de notificación, firmada por quien ejerza las funciones de secretario de la comunidad, con el visto bueno del presidente».

Obligación de comunicar el cambio de titularidad de la vivienda o local

Debe efectuarse tal comunicación a la persona que ejerza las funciones de secretario de la comunidad mediante cualquier medio que permita tener constancia de su recepción.

El no cumplimiento de esta obligación supone para el transmitente seguir respondiendo de las deudas con la comunidad, devengadas con posterioridad a la enajenación de forma solidaria con el nuevo titular, sin perjuicio del derecho de aquel a repetir sobre este.

Por ejemplo: el Sr. A vende su piso al Sr. B sin comunicarlo, por descuido, en la forma establecida, y el Sr. B impaga las cuotas comunitarias de los tres meses siguientes. Al poco de la venta, la comunidad de propietarios le reclama al Sr. A una importante suma de dinero en concepto de cuotas comunitarias correspondientes a los tres meses posteriores a la venta, lo que le sorprende, pero es totalmente correcto. Con posterioridad, el Sr. A reclama al Sr. B el pago de las cuotas mencionadas.

Esta situación tiene una excepción: no será de aplicación cuando la junta de propietarios, el presidente, o los vicepresidentes, el secretario, o el administrador hayan tenido conocimiento del cambio de titularidad de la vivienda o local por cualquier otro medio, o por actos concluyentes del nuevo propietario, o bien cuando dicha transmisión resulte notoria.

CAPÍTULO V

Órganos de la comunidad de propietarios

La voluntad de los propietarios se expresa mediante los acuerdos tomados en la junta, que será la encargada de designar los restantes órganos que, por exigencia de la Ley sobre Propiedad Horizontal o por decisión libre de los vecinos, deban existir. El artículo 13.° de dicha ley prevé los siguientes órganos de gobierno, sin perjuicio de que en los estatutos, o por acuerdo mayoritario de la junta de propietarios, se puedan establecer otros:

— La junta de propietarios.
— El presidente o los vicepresidentes.
— El secretario.
— El administrador.

El presidente y el vicepresidente

Según se desprende de los términos en que se expresa la Ley sobre Propiedad Horizontal, la existencia de esta figura es obligatoria.

Dicho precepto establece lo siguiente:

«1.° El presidente será nombrado, entre los propietarios, mediante elección, o subsidiariamente, mediante turno rotatorio o sorteo. El nombramiento será obligatorio, si bien el propietario designado podrá solicitar su relevo al juez dentro del mes siguiente a su acceso al cargo, invocando las razones que le asistan para ello. El juez, a través del procedimiento establecido en el artículo 17.3, resolverá de plano lo procedente, designando en la misma resolución al propietario que hubiera de sustituir, en su caso, al presidente en el cargo hasta que se proceda a una nueva designación en el plazo que se determine en la resolución judicial.

»Igualmente podrá acudirse al juez cuando, por cualquier causa, fuese imposible para la junta designar presidente de la comunidad.

»2.° El presidente ostentará legalmente la representación de la comunidad, en juicio y fuera de él en todos los asuntos que la afecten.

»3.° La existencia de vicepresidentes será facultativa. Su nombramiento se realizará por el mismo procedimiento que para el presidente.

»Corresponde al vicepresidente, o vicepresidentes por su orden, sustituir al presidente en los casos de ausencia, vacante o imposibilidad de este, así como asistirlo en el ejercicio de sus funciones en los términos que establezca la junta de propietarios.

»4.° Las funciones del secretario y del administrador serán ejercidas por el presidente de la comunidad, salvo que los estatutos, o la junta de propietarios por acuerdo mayoritario, dispongan la provisión de dichos cargos separadamente de la presidencia.

»5.° El cargo de administrador y, en su caso, el de secretario-administrador podrá ser ejercido por cualquier propietario, así como por personas físicas con cualificación suficiente y legalmente reconocida para ejercer dichas funciones. También podrá recaer en corporaciones y otras personas jurídicas en los términos establecidos en el ordenamiento jurídico.

»6.° Salvo que los estatutos de la comunidad dispongan lo contrario, el nombramiento de los órganos de gobierno se hará por el plazo de un año.

»Los designados podrán ser removidos de su cargo antes de la expiración del mandato por acuerdo de la junta de propietarios, convocada en sesión extraordinaria.

El presidente de la comunidad se designa de entre los vecinos de esta.

»7.° Cuando el número de propietarios de viviendas o locales en un edificio no exceda de cuatro, podrán acogerse al régimen de administración del artículo 398 del Código Civil, si expresamente lo establecen los estatutos».

Responderemos a unas cuestiones que, en relación con el cargo de presidente, a menudo se formulan los propietarios de pisos o locales de un edificio constituido en régimen de propiedad horizontal:

¿Todos los vecinos están obligados a ser presidentes de la comunidad por lo menos una vez?

Según la ley el nombramiento del cargo de presidente siempre será obligatorio. Para ser presidente el único requisito exigible es ser propietario de un piso o local perteneciente a dicha comunidad de propietarios. La forma de designación es por elección, o subsidiariamente, mediante turno rotatorio, o, en última instancia, por sorteo.

¿Es obligatorio desempeñar el cargo?, ¿hay alguna causa que exima de actuar como presidente?

El propietario designado como tal podrá solicitar su relevo al juez dentro del mes siguiente a su acceso al cargo, invocando las razones que le asistan para ello. La ley no enumera las causas eximentes, pero podemos citar motivos de salud, laborales, etc.

Así, si por turno rotatorio le corresponde ser presidente a una persona con una grave dolencia o que, por tratarse de un directivo de una empresa multinacional, reside la mayor parte del tiempo en el extranjero, si el juez estima la petición, establecerá el plazo dentro del cual deba procederse a la designación de un nuevo presidente y, asimismo, designará al propietario que hubiera de sustituir al presidente en el cargo hasta aquel momento.

Si la persona afectada expone razonadamente a los otros propietarios las causas que le impiden desempeñar el cargo, no será necesario acudir al auxilio judicial.

Lo habitual es que el cargo de presidente se desempeñe durante un año.

¿Cuál es el plazo por el que el presidente debe desempeñar su cargo?

Salvo que los estatutos de la comunidad dispongan lo contrario, el nombramiento de los órganos de gobierno (no solamente el presidente, sino también el secretario y el administrador) se hará por el plazo de un año.

Si un presidente ejerce con una absoluta falta de lealtad y diligencia su cargo, ¿debe esperarse a que expire el plazo por el que fue nombrado?

Evidentemente que no: dice la ley que los designados pueden ser removidos de su cargo (pueden ser cesados) antes de la expiración del mandato por acuerdo de la junta de propietarios, convocada en sesión extraordinaria. Así, si un presidente, por ejemplo, aunque lo mismo es aplicable al secretario y al administrador, actúa con malicia o negligencia grave, la junta es soberana para acordar su remoción.

¿Es obligatoria la existencia de un vicepresidente?

Según la ley, la existencia de vicepresidentes será facultativa. No obstante, nuestra opinión es que se trata de una figura muy útil, por lo que aconsejamos que sean designados. En caso de existir, corresponde al vicepresidente (o a los vicepresidentes por su orden) sustituir al presidente en los casos de ausencia, vacante o imposibilidad de este, así como asistirlo en el ejercicio de sus funciones en los términos que establezca la junta de propietarios.

El secretario

La ley no impone necesariamente la figura del secretario: sus funciones pueden ser desempeñadas por el propio presidente.

Las funciones del secretario pueden ser ejercidas por el presidente de la comunidad, salvo que los estatutos, o la junta de propietarios por acuerdo mayoritario, dispongan la provisión de dichos cargos separadamente.

Según el artículo 19.4. de la Ley sobre Propiedad Horizontal en su redacción otorgada por la Ley 8/1999, de 6 de abril, las funciones específicas más importantes del secretario son:

— Custodiar los libros de actas de la junta de propietarios.
— Conservar, durante cinco años, las convocatorias, comunicaciones, apoderamientos y demás documentos relevantes de las reuniones.

Junta de propietarios

La junta de propietarios es una reunión de los propietarios de un inmueble, que tiene por finalidad dirigir el gobierno de los elementos y servicios comunes del edificio constituido en régimen de propiedad horizontal. La autoridad de la junta se funda en el acuerdo de sus miembros, los que se someten generalmente a la voluntad de la mayoría.

La vigente Ley sobre Propiedad Horizontal (con las importantes modificaciones introducidas por la Ley 8/1999, de 8 de abril) trata el tema de la junta de propietarios, sus funciones, la asistencia a dicha junta, reuniones, convocatorias, citaciones, normas a las que deben sujetarse sus acuerdos, etc., en varios artículos que vamos a exponer y que después iremos comentando.

Artículo 14.° Corresponde a la junta de propietarios:

«1.° Nombrar y remover a las personas que ejerzan los cargos mencionados en el artículo anterior y resolver las reclamaciones que los titulares de los pisos o locales formulen contra la actuación de aquellos.

»2.° Aprobar el plan de gastos e ingresos previsibles y las cuentas correspondientes.

»3.° Aprobar los presupuestos y la ejecución de todas las obras de reparación de la finca, sean ordinarias o extraordinarias, y ser informada de las medidas urgentes adoptadas por el administrador de conformidad con lo dispuesto en el artículo 20 c.

»4.° Aprobar o reformar los estatutos y determinar las normas de régimen interior.

»5.° Conocer y decidir en los demás asuntos de interés general para la comunidad, acordando las medidas necesarias o convenientes para el mejor servicio común».

Art. 15.° «1.° La asistencia a la junta de propietarios será personal o por representación legal o voluntaria, bastando para acreditar esta un escrito firmado por el propietario.

»Si algún piso o local perteneciese proindiviso a diferentes propietarios, estos podrán nombrar un representante legal para asistir y votar en las juntas.

»Si la vivienda o local se hallare en usufructo, la asistencia y el voto corresponderá al nudo propietario, quien, salvo manifestación en contrario, se entenderá representado por el usufructuario, debiendo ser expresa la delegación cuando se trate de los acuerdos a que se refiere la regla primera del artículo 17 o de obras extraordinarias y de mejora.

»2.° Los propietarios que en el momento de iniciarse la junta no se encontrasen al corriente en el pago de todas las deudas vencidas con la comunidad y no hubiesen impugnado judicialmente las mismas o procedido a la consignación judicial o notarial de la suma adeudada, podrán participar en sus deliberaciones si bien no tendrán derecho de voto. El acta de la junta reflejará los propietarios privados del derecho de voto, cuya persona y cuota de participación en la comunidad no será computada a efectos de alcanzar las mayorías exigidas en esta ley».

Art. 16.° «1.° La junta de propietarios se reunirá por lo menos una vez al año para aprobar los presupuestos y cuentas y en las demás ocasiones que lo considere conveniente el presidente o lo pidan la cuarta parte de los propietarios, o un número de estos que representen al menos el veinticinco por ciento de las cuotas de participación.

»2.° La convocatoria de las juntas la hará el presidente y, en su defecto, los promotores de la reunión, con indicación de los asuntos a tratar, el lugar, día y hora en que se celebrará en primera o, en su caso, en segunda convocatoria, practicándose las citaciones en la forma establecida en el artículo 9. La convocatoria contendrá una relación de los propietarios que no estén al corriente en el pago de las deudas vencidas a la comunidad y advertirá de la privación del derecho de voto si se dan los supuestos previstos en el artículo 15.2.

»Cualquier propietario podrá pedir que la junta de propietarios estudie y se pronuncie sobre cualquier tema de interés para la comunidad; a tal efecto dirigirá escrito, en el que se especifiquen claramente los asuntos que pide sean tratados, al presidente, el cual los incluirá en el orden del día de la siguiente junta que se celebre.

»Si a la reunión de la junta no concurriesen, en primera convocatoria, la mayoría de los propietarios que representen, a su vez, la mayoría de las cuotas de participación se procederá a una segunda convocatoria de la misma, esta vez sin sujeción a quórum.

»La junta se reunirá en segunda convocatoria en el lugar, día y hora indicados en la primera citación, pudiendo celebrarse el mismo día si hubiese transcurrido media hora desde la anterior. En su defecto será nuevamente convocada, conforme a los requisitos establecidos en este artículo, dentro de los ocho días naturales siguientes a la junta no celebrada, cursándose en este caso las citaciones con una antelación mínima de tres días.

»3.º La citación para la junta ordinaria anual se hará, cuando menos, con seis días de antelación y para las extraordinarias, con la que sea posible para que pueda llegar a conocimiento de todos los interesados. La junta podrá reunirse válidamente aun sin la convocatoria del presidente, siempre que concurran la totalidad de los propietarios y así lo decidan».

Art. 17.º «Los acuerdos de la junta de propietarios se sujetarán a las siguientes normas:

»1.ª La unanimidad sólo será exigible para la validez de los acuerdos que impliquen la aprobación o modificación de las reglas contenidas en el título constitutivo de la propiedad horizontal o en los estatutos de la comunidad.

»El establecimiento o supresión de los servicios de ascensor, portería, conserjería, vigilancia u otros servicios comunes de interés general, incluso cuando supongan la modificación del título constitutivo, o de los estatutos, requerirá el voto favorable de las tres quintas partes del total de los propietarios que, a su vez, representen las tres quintas partes de las cuotas de participación. El arrendamiento de elementos comunes que no tengan asignado un uso específico en el inmueble requerirá igualmente el voto favorable de las tres quintas partes del total de los propietarios que, a su vez, representen las tres quintas partes de las cuotas de participación, así como el consentimiento del propietario directamente afectado, si lo hubiere.

»La realización de obras o el establecimiento de nuevos servicios comunes que tengan por finalidad la supresión de barreras arquitectónicas que dificulten el acceso o movilidad de personas con minusvalía, incluso cuando impliquen la modificación del título constitutivo o de los estatutos, requerirá el voto favorable de la mayoría de los propietarios que, a su vez, representen la mayoría de las cuotas de participación.

»A los efectos establecidos en los párrafos anteriores de esta norma, se computarán como votos favorables los de aquellos propietarios ausentes de la junta, debidamente citados, quienes una vez informados del acuerdo adoptado por los presentes, conforme al procedimiento establecido en el artículo 9, no manifiesten su discrepancia por comunicación a quien ejerza las funciones de secretario de la comunidad en el plazo de treinta días naturales, por cualquier medio que permita tener constancia de la recepción.

»Los acuerdos válidamente adoptados con arreglo a lo dispuesto en esta norma obligan a todos los propietarios.

»2.ª La instalación de las infraestructuras comunes para el acceso a los servicios de telecomunicación regulados en el Real Decreto-Ley 1/1998, de 27 de febrero, o la adaptación de los existentes, así como la instalación de sistemas comunes o privativos de aprovechamiento de la energía solar, o bien de las infraestructuras necesarias para acceder a nuevos suministros energéticos colectivos, podrá ser acordada, a petición de cualquier propietario, por un tercio de los integrantes de la comunidad que representen, a su vez, un tercio de las cuotas de participación.

»La comunidad no podrá repercutir el coste de la instalación o adaptación de dichas infraestructuras comunes, ni los derivados de su conservación y mantenimiento posterior, sobre aquellos propietarios que no hubieren votado expresamente en la junta a favor del acuerdo. No obstante, si con posterioridad solicitasen el acceso a los servicios de telecomunicaciones o las adaptaciones realizadas en las preexistentes, podrá autorizárseles siempre que abonen el importe que les hubiera correspondido, debidamente actualizado, aplicando el correspondiente interés legal.

»Sin perjuicio de lo establecido anteriormente respecto a los gastos de conservación y mantenimiento, la nueva infraestructura instalada tendrá la consideración a los efectos establecidos en esta ley, de elemento común.

»3.ª Para la validez de los demás acuerdos bastará el voto de la mayoría del total de los propietarios que, a su vez, representen la mayoría de las cuotas de participación.

»En segunda convocatoria serán válidos los acuerdos adoptados por la mayoría de los asistentes, siempre que estos representen, a su vez, más de la mitad del valor de las cuotas de los presentes.

»Cuando la mayoría no se pudiere lograr por los procedimientos establecidos en los párrafos anteriores, el juez, a instancia de parte deducida

La regla general es que los acuerdos se tomen por mayoría.

en el mes siguiente a la fecha de la segunda junta, y oyendo en comparecencia los contradictores previamente citados, resolverá en equidad lo que proceda dentro de veinte días, contados desde la petición, haciendo pronunciamiento sobre el pago de costas».

Art. 18.° «1.° Los acuerdos de la junta de propietarios serán impugnables ante los tribunales, de conformidad con lo establecido en la legislación procesal general, en los siguientes supuestos:

»*a*) Cuando sean contrarios a la ley o a los estatutos de la comunidad de propietarios.

»*b*) Cuando resulten gravemente lesivos para los intereses de la propia comunidad en beneficio de uno o varios propietarios.

»*c*) Cuando supongan un grave perjuicio para algún propietario que no tenga obligación jurídica de soportarlo o se hayan adoptado con abuso de derecho.

»2.° Estarán legitimados para la impugnación de estos acuerdos los propietarios que hubiesen salvado su voto en la junta, los ausentes por cualquier causa y los que indebidamente hubiesen sido privados de su derecho de voto. Para impugnar los acuerdos de la junta el propietario deberá estar al corriente en el pago de la totalidad de las deudas vencidas con la comunidad o proceder previamente a la consignación judicial de las mismas.

»Esta regla no será de aplicación para la impugnación de los acuerdos de la junta relativos al establecimiento o alteración de las cuotas de participación a que se refiere el artículo 9 entre los propietarios.

»3.° La acción caducará a los tres meses de adoptarse el acuerdo por la junta de propietarios, salvo que se trate de actos contrarios a la ley o a los estatutos, en cuyo caso la acción caducará al año.

»Para los propietarios ausentes, dicho plazo se computará a partir de la comunicación del acuerdo conforme al procedimiento establecido en el artículo 9.

»4.° La impugnación de los acuerdos de la junta no suspenderá su ejecución, salvo que el juez así lo disponga, con carácter cautelar, a solicitud del demandante oída la comunidad de propietarios».

Art. 19.° «1.° Los acuerdos de la junta de propietarios se reflejarán en un libro de actas diligenciado por el registrador de la propiedad en la forma que reglamentariamente se disponga.

»2.° El acta de cada reunión de la junta de propietarios deberá expresar, al menos, las siguientes circunstancias:

»*a*) La fecha y el lugar de celebración.

»*b*) El autor de la convocatoria y, en su caso, los propietarios que la hubiesen promovido.

»*c*) Su carácter ordinario o extraordinario y la indicación sobre su celebración en primera o segunda convocatoria.

»*d*) Relación de todos los asistentes y sus respectivos cargos, así como de los propietarios representados, con indicación, en todo caso, de sus cuotas de participación.

»*e*) El orden del día de la reunión.

»*f*) Los acuerdos adoptados, con indicación, en caso de que ello fuera relevante para la validez del acuerdo, de los nombres de los propietarios que hubieren votado a favor y en contra de los mismos, así como de las cuotas de participación que respectivamente representen.

»3.° El acta deberá cerrarse con las firmas del presidente y del secretario al terminar la reunión o dentro de los diez días naturales siguientes. Desde su cierre los acuerdos serán ejecutivos, salvo que la ley previere lo contrario.

»El acta de las reuniones se remitirá a los propietarios, de acuerdo con el procedimiento establecido en el artículo 9.

»Serán subsanables los defectos o errores del acta siempre que la misma exprese inequívocamente la fecha y lugar de celebración, los propietarios asistentes, presentes o representados, y los acuerdos adoptados, con indicación de los votos a favor y en contra, así como las cuotas de participación que respectivamente supongan, y se encuentre firmada por el presidente y el secretario. Dicha subsanación deberá efectuarse antes de la siguiente reunión de la junta de propietarios, que deberá ratificar la subsanación.

»4.° El secretario custodiará los libros de actas de la junta de propietarios. Asimismo, deberá conservar, durante el plazo de cinco años, las convocatorias, comunicaciones, apoderamientos y demás documentos relevantes de las reuniones».

Funciones de la junta de propietarios

Corresponde a la junta de propietarios conocer y decidir en los asuntos de interés general para la comunidad, acordando las medidas necesarias o convenientes para el mejor servicio común.

El artículo 14.° del texto vigente y reformado de la Ley sobre Propiedad Horizontal afirma que «compete a la junta nombrar y remover a las personas que ejerzan los cargos de presidente, secretario y administrador, así como resolver las reclamaciones que los titulares de los pisos o locales formulen contra la actuación de aquellos».

Como mínimo, siempre habrá un presidente, el cual puede desempeñar también las funciones de secretario y administrador.

Si los vecinos consideran que el presidente, el secretario o el administrador han actuado de forma incorrecta, tienen derecho, tomando el acuerdo en junta, a cesarles de sus cargos o a plantear a la junta la resolución de cuantas quejas hagan los propietarios al respecto.

Por ejemplo: un propietario —que, como tal, tiene derecho a la utilización de los elementos comunes de la comunidad a la que pertenece— desea instalar un contador de luz en el cuarto de contadores existente al efecto y el presidente se opone al ejercicio de tal derecho. Se trata, claramente, de una actuación incorrecta del presidente, por lo que el afectado puede exponerla a la junta a fin de que se le reconozca su derecho.

Otra de las funciones de la junta es la de aprobar el plan de gastos e ingresos previsibles y las cuentas correspondientes, así como los presupuestos y la ejecución de todas las obras de reparación de la finca.

Siendo la junta el órgano supremo de gobierno de la comunidad a ella, y sólo a ella, corresponde la aprobación de los gastos e ingresos que sean previsibles en un determinado ejercicio, como también le corresponde en exclusiva la aprobación de las cuentas.

Es la junta la que debe aprobar los presupuestos que se le presenten relativos a la ejecución de las obras de reparación de la finca.

En el caso de hallarnos ante una reparación que deba ser acometida de forma inmediata (por ejemplo, un zócalo de la entrada de la finca que amenace ruina y que represente un serio peligro), la ley establece que el administrador disponga las reparaciones y medidas convenientes, asumiendo la obligación de dar cuenta inmediata al presidente o, en su caso, a los propietarios. Por tanto, en estos casos, la junta tiene derecho «a ser informada de las medidas urgentes adoptadas por el administrador».

Es competencia de la junta «aprobar o reformar los estatutos y determinar las normas de régimen interior».

JUNTA DE PROPIETARIOS

ÓRGANO SUPREMO Y DECISORIO DE LA COMUNIDAD

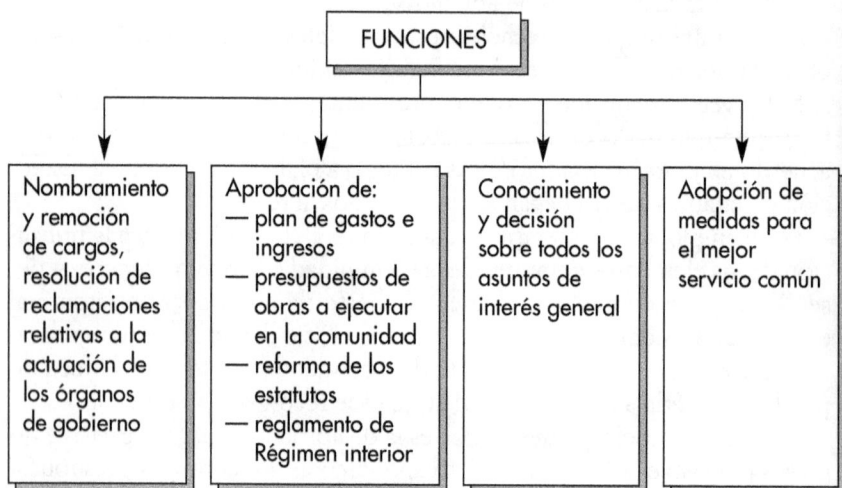

FUNCIONES

| Nombramiento y remoción de cargos, resolución de reclamaciones relativas a la actuación de los órganos de gobierno | Aprobación de:
— plan de gastos e ingresos
— presupuestos de obras a ejecutar en la comunidad
— reforma de los estatutos
— reglamento de Régimen interior | Conocimiento y decisión sobre todos los asuntos de interés general | Adopción de medidas para el mejor servicio común |

La asistencia a la junta de propietarios y la impugnación de los acuerdos

Es un derecho de todos los propietarios asistir a la junta de la comunidad, ya sea de forma personal o por representación legal o voluntaria.

Opinamos que, por tratarse de un derecho, no sería válido un pacto estatutario que obligase a los propietarios asistir a las reuniones.

Para poder ser representado en junta no es imprescindible el poder notarial, sino que basta un escrito de carácter privado.

En el caso de que un piso o local perteneciese a varios propietarios, la ley afirma que no es necesario que acudan todos a la junta; los copropietarios nombrarán un representante para asistir y votar en las juntas. Asimismo, si la vivienda o local se hallare en usufructo, la asistencia y el voto corresponderá al «nudo propietario» quien, salvo manifestación en contrario, se entenderá representado por el «usufructuario». No obstante, la delegación debe ser expresa cuando se trate de los acuerdos que tengan que ser aprobados por unanimidad o que se refiera a obras extraordinarias y de mejora.

Una novedad importante introducida por la Ley sobre Reforma de la Propiedad Horizontal del año 1999 es: «Los propietarios que en el momento de iniciarse la junta no se encuentren al corriente en el pago de todas las deudas vencidas con la comunidad (y no las hubiesen impugnado judicialmente o consignado judicial o notarialmente) podrán participar en sus deliberaciones, pero no tendrán derecho de voto».

El acta de la junta deberá reflejar los propietarios privados del derecho de voto, cuya persona y cuota de participación en la comunidad no será computada a efectos de alcanzar las mayorías exigidas en la ley.

Reuniones de la junta de propietarios

El **artículo 16.°** de la Ley, respecto a la periodicidad de las reuniones de la junta dice: «La junta de propietarios se reunirá, por lo menos, una vez al año para aprobar los presupuestos y cuentas, así como en todas las demás ocasiones que lo considere conveniente el presidente o lo pidan la cuarta parte de los propietarios, o un número de estos que representen al menos el veinticinco por ciento de las cuotas de participación».

En conclusión:

1.° La junta se reunirá, como mínimo, una vez al año, con el siguiente orden del día: aprobación de los presupuestos y cuentas del ejercicio.

2.° No hay un límite en el número de veces que puede reunirse la junta. La iniciativa para la convocatoria de la reunión corresponde:

— Al presidente, siempre que lo desee.
— A la cuarta parte de los propietarios.

— A un número de propietarios que representen, al menos, el veinticinco por ciento de las cuotas de participación.

Es muy importante recordar el derecho que tiene cualquier propietario de solicitar que la junta estudie y se pronuncie sobre cualquier tema de interés para la comunidad. En tal caso se dirigirá un escrito al presidente donde se especifiquen claramente los asuntos que pide sean tratados. El presidente queda obligado a incluir estos aspectos en el orden del día de la siguiente junta que se celebre.

Este derecho que concede la ley debe ser ejercido de forma que no suponga un abuso o un uso antisocial. Los asuntos propuestos como dice la ley deben ser «de interés para la comunidad». De no serlo, el presidente está en su pleno derecho de hacer caso omiso a la propuesta.

Por ejemplo, no puede entenderse como «de interés para la comunidad» los problemas personales entre dos vecinos.

En cada convocatoria, como mínimo, deben indicarse:

— Los asuntos que haya que tratar.
— El lugar, día y hora en que se celebrará en primera o en segunda convocatoria.
— Una relación de los propietarios que no estén al corriente en el pago de las deudas vencidas a la comunidad, con expresa advertencia de la privación del derecho de voto.

La ley establece la existencia de dos convocatorias: en «primera» y en «segunda». Para la «primera», la ley exige la concurrencia de la mayoría de los propietarios que representen, a su vez, la mayoría de las cuotas de participación. En caso de que no se reúnan estos, se procederá a una segunda convocatoria de la misma, esta vez sin sujeción a quórum.

Convocatoria y celebración de la junta de propietarios

La junta se reunirá en segunda convocatoria en el lugar, día y hora indicados en la primera citación, pudiendo celebrarse el mismo día si hubiese transcurrido media hora desde la anterior.

En su defecto será nuevamente convocada dentro de los ocho días naturales siguientes a la junta no celebrada, cursándose en este caso las citaciones con una antelación mínima de tres días.
Las citaciones deben cumplir los siguientes requisitos:

— Respecto de la junta ordinaria anual, que es de obligatoria celebración, la convocatoria se hará, cuando menos, con seis días de antelación a la fecha prevista para ello.

— Acerca de las juntas extraordinarias, es decir, aquellas sin límite de citaciones, que se celebren y que no tengan el orden del día previsto para las ordinarias, la ley se limita a decir que el plazo mínimo de convocatoria será «el que sea posible para que pueda llegar a conocimiento de todos los interesados».

Ante la poca determinación de la ley, aconsejamos que la convocatoria se haga, con no menos de seis días naturales de antelación a la fecha prevista para la reunión, puesto que este es el plazo que la ley dispone para las juntas ordinarias, y se considera suficiente para que todos los propietarios se den por enterados.
Existe la posibilidad, muy habitual en comunidades con un reducido número de vecinos, de que la junta se reúna válidamente sin la convocatoria del presidente, siempre que concurran la totalidad de los propietarios y así lo decidan. Es lo que, en las sociedades mercantiles, se conoce como «juntas celebradas con el carácter de universales».
Desde un punto de vista práctico, es importante hacer constar en el acta que al efecto se extienda, que se hallan reunidos la totalidad de los propietarios, los cuales, por unanimidad, deciden reunirse en junta y, también por unanimidad, aprueban todos los puntos sobre los que van a deliberar.

Contenido del acta de la junta de propietarios

¿Cuál es el contenido que debe tener el acta de la reunión de la junta de propietarios? La ley concede un cierto margen discrecional a los propietarios, puesto que exige unas circunstancias mínimas, que son:

«*a*) La fecha y el lugar de celebración.

»*b*) El autor de la convocatoria y, en su caso, los propietarios que la hubiesen promovido.

»*c*) Su carácter ordinario o extraordinario y la indicación sobre su celebración en primera o segunda convocatoria.

»*d*) Una relación de todos los asistentes y sus respectivos cargos, así como de los propietarios representados, con indicación, en todo caso, de sus cuotas de participación.

»*e*) El orden del día de la reunión.

»*f*) Los acuerdos adoptados, con indicación, en caso de que ello fuera relevante para la validez del acuerdo, de los nombres de los propietarios que hubieren votado a favor y en contra de los mismos, así como de las cuotas de participación que respectivamente representen».

En el acta deben constar las firmas del presidente y del secretario. El acta debe cerrarse, o bien al término de la propia reunión o, en su caso, en el plazo máximo de los diez días naturales siguientes (deben computarse también los festivos e inhábiles por cualquier otra causa).

Con la única excepción de que la ley previere lo contrario, desde el cierre del acta (en otras palabras, desde que el acta es firmada por el secretario y el presidente) los acuerdos serán ejecutivos, lo que quiere decir que, desde aquel momento, puede ser exigido su cumplimiento a todos los propietarios.

Una vez redactada, el acta de las reuniones se remitirá a los propietarios en los domicilios, en la finca, de los vecinos.

¿Qué ocurre si se detectan errores o defectos en el acta? Puesto que la ley es consciente de que esto es algo que ocurre con cierta frecuencia no sanciona con la nulidad tales actas, sino que permite su subsanación. Para que sea posible la subsanación de las actas es imprescindible que en estas se expresen «inequívocamente», es decir, de forma que no pueda inducir a error o confusión, los extremos que a continuación se relacionan:

«*a*) La fecha y lugar de celebración de la junta.

»*b*) Los propietarios asistentes, presentes o representados, y los acuerdos adoptados, con indicación de los votos a favor y en contra, así como las cuotas de participación que respectivamente supongan.

»*c*) Que el acta se encuentre firmada por el presidente y el secretario».

Es muy importante tener presente que la subsanación deberá efectuarse antes de la siguiente reunión de la junta de propietarios, la cual deberá ratificar dicha subsanación.

Los quórum de votación

Otra de las reformas más significativas introducidas por la Ley 8/1999, de 8 de abril, fue la referida al número de votos necesarios para la adopción válida de determinados acuerdos. Antes de la reforma del año 1999 la Ley sobre Propiedad Horizontal era objeto de muchas críticas porque no quedaba totalmente claro para qué acuerdos era necesaria la unanimidad (es decir, que todos los propietarios votasen a favor) y para cuáles era suficiente la mayoría.

Desde la entrada en vigor de la ley, esta cuestión ha quedado mucho más clarificada. Ofrecemos, a continuación, un cuadro esquemático de los distintos tipos de acuerdos y del quórum de votos favorables que se requieren para su válida adopción:

1.º La unanimidad solamente será exigible para la validez de los acuerdos de la junta de propietarios que impliquen la aprobación o modificación de las reglas contenidas en el título constitutivo de la propiedad horizontal o en los estatutos de la comunidad.

2.º El establecimiento o supresión (no la modernización o modificación) de los servicios de ascensor, portería, conserjería, vigilancia u otros servicios comunes de interés general, incluso cuando supongan la modificación del título constitutivo, o de los estatutos, requerirá el voto favorable de las tres quintas partes del total de los propietarios que, a su vez, representen las tres quintas partes de las cuotas de participación.

3.º El arrendamiento de elementos comunes que no tengan asignado un uso específico en el inmueble requerirá el voto favorable de las tres quintas partes del total de los propietarios que, a su vez, representen las tres quintas partes de las cuotas de participación, así como el consentimiento de los propietarios directamente afectados, si los hubiere.

4.º La realización de obras o el establecimiento de nuevos servicios comunes que tengan por finalidad la supresión de barreras arquitectónicas que dificulten el acceso o movilidad de personas con minusvalía, incluso

91

cuando impliquen la modificación del título constitutivo o de los estatutos, requerirá el voto favorable de la mayoría de los propietarios que, a su vez, representen la mayoría de las cuotas de participación.

Según la ley, podemos afirmar que como votos favorables deben también computarse los de aquellos propietarios ausentes de la junta (pero que hayan sido debidamente citados) quienes una vez informados del acuerdo adoptado por los presentes, conforme al procedimiento establecido en la propia ley (artículo 9), no manifiesten su discrepancia por comunicación a quien ejerza las funciones de secretario de la comunidad en el plazo de treinta días naturales, por cualquier medio que permita tener constancia de la recepción (fax, carta certificada, entrega personal, etc.),

Los acuerdos válidamente adoptados obligan a todos los propietarios, presentes o ausentes a la reunión.

5.° La instalación de las infraestructuras comunes para el acceso a los servicios de telecomunicación regulados en el Real Decreto, Ley 1/1998, de 27 de febrero (que regula las antenas en los edificios), o la adaptación de los existentes, así como la instalación de sistemas comunes o privativos de aprovechamiento de la energía solar, o bien de las infraestructuras necesarias para acceder a nuevos suministros energéticos colectivos, podrá ser acordada, a petición de cualquier propietario, por un tercio de los integrantes de la comunidad que representen, a su vez, un tercio de las cuotas de participación.

Cabe destacar que la comunidad no podrá repercutir el coste de la instalación o adaptación de dichas infraestructuras comunes, ni los derivados de su conservación y mantenimiento posterior, sobre aquellos propietarios que no hubieren votado expresamente en la junta a favor del acuerdo.

Aunque, si con posterioridad, estos propietarios solicitasen el acceso a los servicios de telecomunicaciones o las adaptaciones realizadas en las preexistentes, podrá autorizárseles siempre que abonen el importe que les hubiera correspondido, debidamente actualizado, aplicando el correspondiente interés legal.

La ley, para evitar posibles malos entendidos, especifica que la nueva infraestructura instalada tendrá la consideración a los efectos establecidos en esta ley, de elemento común.

6.° Para la validez de todos los demás acuerdos que no hayan sido especialmente mencionados, bastará el voto de la mayoría del total de los propietarios que, a su vez, representen la mayoría de las cuotas de participación. En segunda convocatoria serán válidos los acuerdos adoptados por la mayoría de los asistentes, siempre que esta represente, a su vez, más de la mitad del valor de las cuotas de los presentes.

La decisión de instalar un ascensor en la finca se adopta por mayoría de las tres quintas partes de los vecinos y de las cuotas.

La ley establece que si la mayoría no se pudiese lograr por los procedimientos establecidos, el juez, previa petición que debe formularse en el mes siguiente a la fecha de la segunda junta, resolverá en equidad (es decir, según lo que a su sano juicio entienda que es lo procedente y sin rigorismos ni formalismos) dentro de veinte días, contados desde la petición, haciendo pronunciamiento sobre el pago de costas.

RÉGIMEN DE MAYORÍAS

Modificación de los estatutos   ⟶ Unanimidad

Establecimiento/supresión de servicios ⟶ 3/5 partes del total de propietarios que, a su vez, representen las 3/5 de las cuotas

Eliminación de barreras arquitectónicas ⟶ Mayoría de los presentes que, a su vez, representen la mayoría de las cuotas

Instalación de nuevos sistemas de telecomunicaciones, aprovechamiento de energía solar, sistemas energéticos colectivos, etc. ⟶ 1/3 parte de las cuotas (los propietarios que no voten a favor no estarán obligados al pago de estos servicios)

Acuerdos de administración ordinaria ⟶ En primera convocatoria: mayoría absoluta

En segunda convocatoria: mayoría simple

Impugnación de acuerdos de la junta de propietarios

Centrémonos ahora en qué remedios corresponden a los propietarios para impugnar los acuerdos de la junta si, según su criterio, no son conformes a la ley o a los estatutos, o le perjudican gravemente.

El **artículo 18.**° es el que se refiere a estos extremos al afirmar que «los acuerdos de la junta de propietarios serán impugnables ante los tribunales» si concurre alguna de las siguientes causas:

«*a*) Ser acuerdos contrarios a la ley o a los estatutos de la comunidad de propietarios.

«Sería el caso, por ejemplo, de un acuerdo para el que la ley exigiera el voto unánime (como sería el caso de establecer ascensor en una finca que no tuviera tal servicio) y que se pretendiera ejecutar pese a que un propietario hubiere votado expresa y formalmente en contra.

»*b*) Tratarse de acuerdos gravemente lesivos para los intereses de la propia comunidad en beneficio de uno o varios propietarios. Por ejemplo, la junta acuerda que el alquiler que la comunidad venía cobrando por el arrendamiento de un local pasará a ser percibido por el vecino del piso superior donde se hallare este.

»*c*) Suponer, dichos acuerdos, un grave perjuicio para algún propietario que no tenga obligación jurídica de soportarlo o se hayan adoptado con abuso de derecho».

¿Quién está legitimado para ejercitar la correspondiente impugnación?

La respuesta se encuentra en el **artículo 19.**° de la Ley sobre Propiedad Horizontal, de acuerdo con el cual «estarán legitimados para la impugnación de los acuerdos de la junta:

»1.° Los propietarios que hubiesen salvado su voto en la junta.

»2.° Los propietarios ausentes por cualquier causa.

»3.° Los propietarios que, indebidamente, hubiesen sido privados de su derecho de voto».

Fijémonos en el requisito que la ley exige ahora (a diferencia de lo que ocurría antes de la reforma del año 1999): «Para impugnar los acuerdos

94

Los acuerdos de la junta son impugnables judicialmente. de la junta, el propietario deberá estar al corriente en el pago de la totalidad de las deudas vencidas con la comunidad o proceder previamente a la consignación judicial de las mismas. La única excepción al respecto se refiere a la impugnación de los acuerdos de la junta que versen sobre el establecimiento o alteración de las cuotas de participación».

El régimen de copropiedad

La Ley sobre Propiedad Horizontal es consciente de que existen muchas comunidades de propietarios en las que el reducido número de vecinos puede hacer más aconsejables otros regímenes de gobierno, por eso establece que cuando el número de propietarios de viviendas o locales en un edificio no exceda de cuatro podrán acogerse al régimen de administración previsto en el artículo 398 del Código Civil, siempre que los estatutos lo permitan expresamente.

Este régimen se denomina *copropiedad*, es decir, la propiedad de varios titulares sobre una misma cosa, y que no debe confundirse con el tiempo compartido.

Se caracteriza por los siguientes rasgos:

«— Para la administración y mejor disfrute de la cosa común (la finca, en este caso) serán obligatorios los acuerdos de la mayoría de partícipes.

»— No habrá mayoría sino cuando el acuerdo esté tomado por los partícipes que representen la mayor cantidad de los intereses que constituyan la cosa común.

»— Si no resultare mayoría o el acuerdo de esta fuere gravemente perjudicial a los interesados en la cosa común, el juez proveerá, a instancia de parte, lo que corresponda, incluso nombrar un administrador.

El ordenamiento reconoce a las comunidades con muy pocos vecinos la posibilidad de ser gobernadas mediante un sistema más sencillo. »— Cuando se da la situación de que parte de la cosa perteneciere privadamente a un partícipe o a algunos de ellos y otra fuere común, sólo a este será aplicable la disposición anterior».

95

El administrador

El cargo de administrador y, en su caso, el de secretario-administrador podrá ser ejercido por cualquier propietario, así como por personas físicas con cualificación suficiente y legalmente reconocida para ejercer dichas funciones. También podrá recaer en corporaciones y otras personas jurídicas en los términos establecidos en el ordenamiento jurídico.

La figura del administrador no es necesaria que exista como tal, diferenciada de la del presidente. Es decir, que quien sea presidente de la comunidad podrá ser al mismo tiempo secretario y administrador. De hecho, la ley parte de esta base puesto que si ni los estatutos, ni la junta acuerdan lo contrario, una sola persona realizará las funciones de presidente, secretario y administrador. Pese a que esta puede ser una solución aceptable y recomendable en algunos casos, lo más aconsejable, en general, es atribuir las funciones de administrador a un profesional, es decir, a un administrador de fincas colegiado.

El cargo de administrador tiene una gran responsabilidad y por lo general suele ser una persona especializada. Este cargo requiere especiales conocimientos y experiencia práctica, y quienes lo desempeñan profesionalmente tienen que estar al día de muchas y variadas cuestiones, como pueden ser: la normativa propia y específica de la propiedad horizontal, las necesarias adaptaciones de los estatutos de la comunidad, la redacción de normas de régimen interior, la distribución de gastos de acuerdo con los coeficientes, los procedimientos para la reclamación a los vecinos morosos, la constitución, desarrollo y ejecución de los acuerdos de la junta, todas las complejas cuestiones relativas al seguro de la finca, la continuamente cambiante legislación fiscal en lo que afecta a la finca (impuestos y tasas), las relaciones laborales del portero o conserje, o de la persona encargada de llevar a cabo la limpieza del edificio, los reglamentos relativos a la colocación de antenas colectivas o parabólicas, las ordenanzas municipales existentes sobre obras de rehabilitación del inmueble, y un interminable etcétera.

La vigente Ley sobre Propiedad Horizontal (con las importantes modificaciones introducidas por la Ley 8/1999, de 8 de abril) se ocupa de la figura del administrador en su artículo 20, cuyo tenor literal es el siguiente:

Artículo 20.° «Corresponde al administrador:

»*a*) Velar por el buen régimen de la casa, sus instalaciones y servicios, y hacer a estos efectos las oportunas advertencias y apercibimientos a los titulares.

»*b*) Preparar con la debida antelación y someter a la junta el plan de gastos previsibles, proponiendo los medios necesarios para hacer frente a los mismos.

»*c*) Atender a la conservación y entretenimiento de la casa, disponiendo las reparaciones urgentes, dando inmediata cuenta de ellas al presidente, o, en su caso, a los propietarios.

»*d*) Ejecutar los acuerdos adoptados en materia de obras y efectuar los pagos y realizar los cobros que sean procedentes.

»*e*) Actuar, en su caso, como secretario de la junta y custodiar a disposición de los titulares la documentación de la comunidad.

»*f*) Todas las demás atribuciones que se confieran por la junta».

Funciones del administrador

Como acabamos de ver, es en el artículo 20 de la vigente Ley sobre Propiedad Horizontal donde se detallan y enumeran cuáles son las funciones a cuyo desempeño está obligado el administrador.

En primer lugar, tenemos que una de sus obligaciones es la de velar por el buen régimen de la casa, sus instalaciones y servicios, y hacer a estos efectos las oportunas advertencias y apercibimientos a los titulares.

Así, si en una comunidad se observa que se han causado desperfectos en el ascensor (por ejemplo, se han rayado sus puertas), el administrador debe advertir a los vecinos de las consecuencias, fundamentalmente económicas, que para ellos supondrían el tener que sustituir el camarín.

Otra de las obligaciones que según la ley corresponde al administrador es «preparar con la debida antelación y someter a la junta el plan de gastos previsibles, proponiendo los medios necesarios para hacer frente a los mismos».

Una de las responsabilidades más importantes del administrador es la de confeccionar un estado de cuentas en el que se refleje debidamente, y con antelación suficiente para que pueda ser conocido por los propietarios, cuáles son, previsiblemente, los gastos que la comunidad deberá afrontar: por ejemplo, sueldo de la portera, contribución, sustitución de apliques, reparación del ascensor, etc.

Asimismo, también le compete proponer a los propietarios la forma y los medios con los que cubrir dichos gastos; por ejemplo: importe de las cuotas, alquiler de un local que pertenezca a la comunidad, etc.

Corresponde también al administrador que el inmueble se halle en buen estado de conservación, lo que incluye que deba ordenar las reparaciones urgentes. Dice la ley que, en tales casos, el administrador deberá dar «inmediata» cuenta de ellas al presidente, o en su caso, a los propietarios.

Esto se dispone así porque serán los propietarios quienes satisfagan los gastos derivados de dichas reparaciones, y por tanto, deben hallarse perfectamente informados al respecto. Pero en el caso de que la reparación tuviese carácter perentorio, la ley permite, como excepción, que el administrador actúe primero e informe después.

Es necesario insistir en que el administrador sólo podrá acogerse a lo que establece este artículo si, realmente, la reparación es urgente. Por ejemplo: si unas lluvias torrenciales provocan que una cañería se reviente, nos hallamos, a nuestro juicio, sin discusión alguna, ante un supuesto de «reparación urgente». Pero si de lo que se trata es de reparar un aplique que ha sido dañado, el administrador no puede hacerlo sin informar previamente.

Una vez que los propietarios hayan decidido llevar a cabo unas determinadas obras, corresponde al administrador la ejecución de dichos acuerdos, así como cuidarse de efectuar los pagos y realizar los cobros que sean procedentes.

Si la comunidad no se ha dotado de un secretario, la ley previene que sea el mismo administrador quien actúe como tal y, por tanto, quien deba custodiar y tener a disposición de los propietarios la documentación de la finca.

Para terminar, conviene tener en cuenta que la junta puede atribuir con carácter expreso al administrador cuantas otras funciones estime convenientes. Cuáles sean estas dependerá, en gran medida, de la confianza que los propietarios de los pisos y locales tengan depositada en el administrador.

¿Quién puede ser administrador?

La Ley sobre Propiedad Horizontal en su redacción otorgada por la Ley 8/1999, de 6 de abril establece que cualquier propietario pueda ser admi-

Es aconsejable que las comunidades de propietarios designen a un administrador y que el nombrado sea un profesional.

nistrador, pero asimismo, también puede serlo una persona ajena a la finca, pero en tal caso debe tener cualificación suficiente y hallarse legalmente reconocida para ejercer dichas funciones. La ley se refiere a los administradores de fincas colegiados.

No obstante, también podrán ser administradores las corporaciones y otras personas jurídicas en los términos establecidos en el ordenamiento jurídico.

Plazo de ejercicio del cargo de administrador

A no ser que los estatutos de la comunidad, si es que existen, dispongan lo contrario, el nombramiento del administrador se hará por el plazo de un año.

No existe inconveniente alguno (a no ser que los estatutos dispongan lo contrario) en que el administrador sea reelegido tantas veces como la junta lo estime conveniente o necesario.

Si los propietarios no están conformes con la actuación del administrador, como es lógico, no están obligados a soportar su actuación poco diligente, o incluso maliciosa, por lo que la ley establece que el administrador pueda ser removido de su cargo antes de la expiración del mandato, siempre que se tome el acuerdo mediante junta de propietarios, convocada en sesión extraordinaria.

Del personal de servicio, en especial el conserje y el portero

Normalmente, en una finca nos encontramos con unas determinadas personas que trabajan en ella prestando diversos servicios a la comunidad de propietarios. Lo normal es que haya un portero, que es quizás, el servicio que más se utiliza, siendo mucho menos común (salvo en edificios de lujo) que nos encontremos con ascensoristas o botones.

En los momentos actuales, la figura del portero está en franca decadencia, dado el elevado coste que representa para los miembros de la comunidad y la influencia de la progresiva modernización tecnológica. Muchas de las fincas, incluso las de pequeñas poblaciones, cuentan desde hace varios años con, a nuestro entender, el mal llamado «portero automático» que, evidentemente, no sustituye las funciones del portero, pero resulta mucho más económico.

La Ley 8/1999 determina que el establecimiento o supresión de los servicios de ascensor, portería, conserjería, vigilancia u otros servicios comunes de interés general (como puede ser un servicio de jardinería) requiera el voto favorable de las tres quintas partes del total de los propietarios que, a su vez, representen las tres quintas partes de las cuotas de participación.

Puede decirse que la figura del portero, sin discriminar entre varón o mujer, era muy usual hace algunos años en todos los edificios, al menos en las capitales de provincia. Hoy en día, los nuevos edificios que se construyen ya tienen la instalación de un portero automático, no obstante, puesto que todavía existen muchas fincas que cuentan con servicio de portería, vamos a dedicar las siguientes líneas a tratar este tema.

La relación que se establece entre el portero y la comunidad de propietarios para la que preste sus servicios será una relación de carácter laboral, ya que se trata de un trabajo voluntario, por cuenta ajena y con una clara dependencia o subordinación.

La retribución será fijada en el mismo momento en que se acuerde la existencia de un portero y se actualizará de acuerdo con la normativa aplicable o por los pactos expresamente convenidos contractualmente.

De entre las muchas obligaciones propias del portero, se encuentran:

— Debe desempeñar con diligencia las funciones que le son propias, sometiéndose a las órdenes que se le den por parte del administrador o del presidente y siguiendo las costumbres existentes.
— Tiene a su cargo, principalmente, la vigilancia de la portería, escaleras, patios y demás dependencias de uso común que pudieran existir (por ejemplo, azoteas).

— Debe efectuar la limpieza del portal, escaleras, patios, luces, cristales, piezas de ornamento, etc.

— Realiza funciones de vigilancia en el sentido de que personas extrañas a la comunidad (o, incluso, los mismos vecinos) no alteren o perturben a los propietarios.

— Puede encargarse de recoger las bolsas de la basura en las horas convenidas al efecto y de depositarlas en el correspondiente contenedor.

— Suele encargarse del mantenimiento de servicios como la calefacción, el aire acondicionado, los ascensores, etc., avisando a los técnicos en los supuestos de averías o funcionamiento defectuoso de aquellos.

— Puede tener encargada la entrega personal de las cartas o de los periódicos a los vecinos que sean suscriptores.

— En algunos casos, si está especialmente facultado para ello por parte del arrendador, puede encargarse del cobro de los alquileres.

Evidentemente, las expuestas lo son a título de mero ejemplo y se basan en casos reales, pero cada comunidad de propietarios tendrá sus propias normas y costumbres al respecto.

Por supuesto, además de obligaciones, también gozan de derechos, entre los que podemos enumerar: seguro de enfermedad, subsidio familiar, seguro de vejez e invalidez, baja por maternidad, seguro de accidentes de trabajo, derecho a paro, derecho a vacaciones, jornada laboral determinada, descanso semanal, etc.

En la actualidad, nos encontramos ante distintas figuras que responden a una única denominación de portero: así, tenemos porteros propiamente dichos (con dedicación exclusiva), porteros de dedicación media o parcial y los conserjes, que sólo prestan sus servicios durante unas horas muy determinadas y que, por regla general, no residen en el mismo inmueble donde trabajan.

En cuanto a la rescisión del contrato del servicio de portería, se estará a lo que se establezca en las disposiciones laborales en cada momento vigentes.

Destacar, por lo que se refiere a la remuneración de los porteros, que, por lo general, esta consiste en una parte en metálico y otra parte en especie, que suele ser el derecho que tienen a usar o vivir en una vivienda destinada al efecto en el propio edificio. Téngase en cuenta que el artículo 5 de la Ley de Arrendamientos Urbanos del año 1994 excluye del ámbito de aplicación de dicha ley los contratos que se refieren al uso de las viviendas que, por razón del cargo que desempeñan o del servicio que presten, tengan asignadas porteros o guardas.

Si los servicios son prestados por un conserje, lo más habitual es que la remuneración sea íntegramente en metálico.

La relación que se establece con los porteros y conserjes es de naturaleza laboral. Puesto que se trata de una materia sobre la que continuamente se decretan nuevas normas (laborales y de seguridad social, básicamente), nuestra recomendación es que cualquier duda que surja al respecto sea planteada a un especialista (abogado laboralista, graduado social, gestor, etc.) o, directamente, al organismo público competente (Instituto Nacional de la Seguridad Social, Instituto Nacional de Empleo, etc.).

CAPÍTULO VI

Extinción
de la propiedad horizontal

La sola voluntad de uno o algunos vecinos no es suficiente para dar por terminada la propiedad horizontal, pero sí lo será la decisión unánime de todos ellos.

Además, su conversión en otra categoría dominical distinta, la destrucción o la expropiación forzosa del edificio, así como cualesquiera de las formas de extinción de la propiedad previstas en el Código Civil, implican, en principio, la desaparición de este régimen.

Causas de extinción previstas en la Ley sobre Propiedad Horizontal

El artículo 23.º de la Ley sobre Propiedad Horizontal dice: «El régimen de propiedad horizontal se extingue:

»1.º Por la destrucción del edificio, salvo pacto en contrario. Se estimará producida aquella cuando el coste de la reconstrucción exceda del cincuenta por ciento del valor de la finca al tiempo de ocurrir el siniestro, a menos que el exceso de dicho coste esté cubierto por un seguro.

»2.º Por conversión en propiedad o copropiedad ordinaria».

Creemos que la extinción de una forma o modo de propiedad, y la propiedad horizontal dentro de ella, debe regirse en todo momento por las normas generales de extinción, además de tener en cuenta lo indicado en este artículo 23.º

Esta extinción puede producirse por varias causas diferentes, que examinaremos posteriormente.

Extinción por destrucción del inmueble

Conviene distinguir, en principio, entre dos supuestos, que son el de la destrucción total del edificio y el supuesto de la destrucción parcial del mismo.

Creemos que en el supuesto de destrucción total del edificio no cabe imponer la reconstrucción, sobre todo por razones económicas, ya que se obligaría a los propietarios a efectuar una inversión de dinero que quizá no les convenga realizar.

En el supuesto de la destrucción parcial del edificio, si no excede de cierta cuantía, la doctrina no lo considera como modo de extinción de la propiedad. En general, lo que se suele tener en cuenta es el precio que suponga la reconstrucción de la parte afectada.

En el artículo 23.° de la Ley sobre Propiedad Horizontal, transcrito al comienzo de este tema, considera causa de extinción «la destrucción del edificio, salvo pacto en contrario». Añadiendo en párrafo posterior: «Se estimará producida aquella cuando el coste de la reconstrucción exceda del cincuenta por ciento del valor de la finca al tiempo de ocurrir el siniestro, a menos que el exceso de dicho coste esté cubierto por un seguro».

Según lo indicado por la ley, vemos que:

— Si el título constitutivo, los estatutos u otro documento posterior prevén lo contrario, no se producirá la extinción según el artículo 23.° citado.
— Tampoco se producirá la extinción cuando se trate de una destrucción parcial y el coste de la reconstrucción no exceda del cincuenta por ciento del valor de la finca al tiempo de producirse el siniestro.
— Cuando a pesar de que el coste de la reconstrucción exceda del cincuenta por ciento, el exceso de dicho coste esté cubierto por un seguro, entonces tampoco se producirá la extinción del régimen de propiedad horizontal.

En caso de destrucción total del edificio y extinción del régimen de propiedad horizontal, ¿cuál será el derecho de los propietarios? Creemos que este derecho de propiedad recaerá sobre el suelo y los materiales subsistentes. Será un derecho de copropiedad ordinaria, con todo lo que ello significa, pudiendo cualquiera de los propietarios exigir la división de la cosa común, y en caso de venta del terreno y de los materiales, el precio que se obtenga se repartirá en proporción al coeficiente o cuota de participación que cada cual tuviera en la propiedad horizontal.

Conviene señalar que el caso de vetustez se asimila al de destrucción por otras causas.

Ahora examinaremos la causa de destrucción del edificio, como extinción o no del régimen de propiedad horizontal.

Producida la causa que dé lugar a la destrucción del edificio, aunque esta no sea total, los copropietarios deben determinar el valor de la finca, al tiempo de ocurrir el siniestro.

El problema de la valoración de la finca tiene su importancia, dado que nos marcará la pauta de las cantidades a tratar.

Una vez fijado el valor de la finca, por todos los medios que se crean oportunos, un técnico-arquitecto efectuará el presupuesto del coste de la reconstrucción. Si el coste no excede del cincuenta por ciento del valor fijado, entonces no se extingue el régimen de propiedad horizontal y se debe reconstruir el edificio.

Así, pondremos un ejemplo: una finca en la que se produce un siniestro, por lo cual queda parcialmente destruida, y en aquel entonces tenía un valor de 120.000 euros, si el presupuesto de reconstrucción no sobrepasa el cincuenta por ciento, o sea, 60.000 euros, la reconstrucción debe realizarse.

Si el presupuesto presentado excede del cincuenta por ciento, los titulares tienen derecho a que se dé por extinguido el régimen de propiedad horizontal.

Esta cuestión está unida a la fuerza del acuerdo de los propietarios al acordar la reconstrucción. Si existe unanimidad en reconstruir o en no hacerlo, entonces resulta ocioso decir que seguirá o se extinguirá el régimen de propiedad horizontal sencillamente por voluntad unánime de todos los propietarios.

El problema se complica cuando unos propietarios desean reconstruir y otros no, pero hoy en día la ley regula este supuesto.

Así pues la ley dice, en su artículo 23.°, que «se estimará producida la destrucción, cuando el coste de reconstrucción exceda del cincuenta por ciento del valor de la finca al tiempo de ocurrir el siniestro, a menos que el exceso de dicho coste esté cubierto por un seguro».

De este modo, si el coste de la reconstrucción no excede del cincuenta por ciento, la reconstrucción se efectuará, bastando con que uno o varios propietarios, aun en minoría, lo pidieran.

Si por el contrario el presupuesto de la reconstrucción excede del cincuenta por ciento indicado, aun habiendo mayoría, no se puede reconstruir. Bien entendido todo ello, en el supuesto de que no haya una unanimidad en uno u otro sentido, pues por unanimidad pueden decidir tanto una cosa como otra.

Según dice la ley, si el exceso de dicho coste del cincuenta por ciento del valor está cubierto por un seguro, entonces se debe efectuar la reconstrucción. ¿Quiere esto decir que el presupuesto debe tener un importe del cincuenta por ciento del valor más el importe del seguro? Nosotros así lo creemos.

Para entender la cuestión del seguro pondremos un ejemplo: si una finca está valorada en 60.000 euros y el presupuesto de reconstrucción que se da es de 34.000 euros, pero el seguro que hay concertado cubre estos 4.000 euros, la finca debe reconstruirse.

La destrucción del edificio no implica, necesariamente, la extinción de la propiedad horizontal.

Nosotros pensamos que toda la cuestión aquí planteada es sobre todo una cuestión y un problema de tipo económico, pues en algunos supuestos puede resultar más gravoso la reconstrucción del edificio que quizás el construir uno nuevo. Creemos que lo importante sería que todos los copropietarios llegaran a una solución, por unanimidad, pero en el caso de que no ocurra así, se deben seguir las pautas que nos marca la ley.

Extinción por conversión en propiedad o copropiedad ordinaria

Este es el segundo motivo de extinción, según el artículo 23.° de la mencionada ley, por conversión de la propiedad horizontal en propiedad ordinaria, por adquirir la propiedad de todo el edificio por parte de una per-

106

sona, ya sea física o jurídica. Por ejemplo, un banco compra un edificio para instalar en el mismo su sede central; o bien que una entidad compre todo un edificio para derribarlo y construir en el solar un edificio nuevo, supuesto este que es bastante común.

Y por conversión en copropiedad ordinaria, o sea, pasar del régimen jurídico de propiedad horizontal al régimen de copropiedad ordinaria. Este supuesto no suele ocurrir habitualmente hoy en día ni darse en la práctica real.

Extinción por voluntad de las partes

Existe la posibilidad de que la propiedad horizontal se extinga por voluntad de los copropietarios, que prefieran convertirla en una propiedad ordinaria, ya sea mediante la venta del conjunto a uno de los propietarios, o bien con la venta a un tercero; también puede haber una conversión de la propiedad horizontal en copropiedad.

Según el artículo 23.° creemos que si todos los propietarios se ponen de acuerdo y por unanimidad deciden dar por extinguido este régimen de propiedad horizontal, desde luego así ocurrirá.

Esta extinción no será posible en ningún caso en el supuesto de que se acordara mayoritariamente por los copropietarios, pues es necesaria la unanimidad.

Para que se lleve a cabo este acuerdo de extinción de la propiedad horizontal es imprescindible la unanimidad de todos los propietarios, dado que ello supone la más esencial y definitiva alteración de dicho régimen jurídico y, como consecuencia, del título constitutivo y de los estatutos, para ello, como hemos ido viendo a lo largo de esta obra, se precisa sin lugar a dudas la unanimidad de todos los propietarios.

No hay ningún motivo que impida que los vecinos decidan, por unanimidad, dar por terminado el régimen de propiedad horizontal.

En el caso ya concreto de que se hubiera acordado la extinción de la propiedad horizontal, con los requisitos exigidos por la ley, ello originará la cancelación en el registro de la propiedad correspondiente de las inscripciones separadas e individualizadas de los respectivos pisos y locales.

107

Extinción por abandono o renuncia

El Código Civil, entre los modos voluntarios de perder la propiedad, según el principio general y por no existir razón alguna en contra, admite, y la doctrina también, el abandono, la renuncia hecha voluntariamente por el titular del derecho de propiedad.

La renuncia, en nuestra legislación, se entiende como un acto unilateral y no formalista, y se admite lo mismo la renuncia expresa como la tácita. O sea, que es suficiente la desposesión de la cosa unida a la intención de perder la propiedad.

La ley no exige requisito alguno para efectuar el abandono o la renuncia, pues ya hemos visto que la renuncia en sí no hace falta ni tan siquiera que se haga constar expresamente, pues se puede dar a entender tácitamente; ahora bien, lo que sí debe quedar clara es la voluntad intencionada de querer perder la propiedad y por lo tanto la desposesión de la cosa, en este supuesto un piso o local acogido al régimen de propiedad horizontal.

¿Qué ocurre en caso de abandono o renuncia, con las cargas y obligaciones pasadas? La doctrina dice «que la renuncia de la propiedad no libera al renunciante de las cargas y obligaciones pasadas, que en cualquier caso le serán exigibles». Así vemos que el renunciante a la propiedad sigue respondiendo a las obligaciones y cargas a que se hubiera comprometido.

Es posible hallar en el Código Civil causas de extinción de la propiedad horizontal que no se recogen en la Ley sobre Propiedad Horizontal.

Existe la posibilidad de inscribir en el Registro de la Propiedad correspondiente el abandono o renuncia de la propiedad, aunque para poder efectuar dicha inscripción se necesitaría un título, según la ley. Si se llega a producir dicha inscripción, entonces podrán surtir efectos respecto a terceros.

Pero ¿qué ocurre con los bienes abandonados? Pues según la Ley de Patrimonio del Estado, dichos bienes pasan a ser propiedad de este.

Extinción por concentración

Esta extinción de la propiedad horizontal por concentración, es decir, por la reunión de la propiedad de todos los pisos y locales que componen un edificio, en manos de una sola persona, puede producirse y darse de hecho.

En este supuesto de concentración, puede producirse la extinción de la propiedad horizontal, o bien puede ocurrir que a la persona propietaria de todo el edificio no le interese la extinción y decida continuar en régimen de propiedad horizontal, cosa que creemos puede hacer, si lo desea.

Extinción por expropiación forzosa

Es este un modo de extinción de la propiedad horizontal que viene impuesto por la ley. Puede ocurrir el caso de expropiación forzosa de un edificio para abrir una calle, para la alineación de la misma, etc.

Esta expropiación puede ser total o parcial. Si es total, los titulares copropietarios, cuando cobren la indemnización fijada, se la repartirán en función de su coeficiente o cuota de participación. Caso de que la expropiación sea parcial, entonces se plantea el problema de si el resto no expropiado deberá reconstruirse.

Creemos que en este segundo supuesto de expropiación parcial, para ver si deberá reconstruirse en el resto del solar no expropiado, estaremos en consonancia con las normas establecidas en el artículo 23.° de la citada ley; o sea, si el presupuesto de reconstrucción excede del cincuenta por ciento del valor de la finca al ocurrir la expropiación, entonces los titulares tienen derecho a que se dé por extinguido el régimen de propiedad horizontal, y si el precio de reconstrucción no excede el mencionado cincuenta por ciento se realizará la reconstrucción. Ahora bien, creemos lo más justo que el cómputo parcial del valor del resto, y su cincuenta por ciento para compararlo con el presupuesto de reconstrucción, debe hacerse sobre el resto del solar.

Se extinguirá la propiedad horizontal por la expropiación forzosa del edificio constituido en ese régimen.

Así pues, en el caso de expropiación total del edificio, es causa de extinción de la propiedad horizontal. En el supuesto de expropiación parcial, se convendrá lo dispuesto en el artículo 23.° citado, según la reconstrucción exceda en un cincuenta por ciento del valor de la finca al ocurrir y producirse la expropiación.

109

Impuesto sobre bienes inmuebles, propiedad de aparcamientos y cuestiones judiciales

La mera titularidad de un piso, un local o una plaza de aparcamiento conlleva la obligación de satisfacer, anualmente, el impuesto sobre bienes inmuebles, más conocido por sus iniciales, IBI, o por su antigua denominación de contribución territorial.

Es frecuente que, con carácter simultáneo a la compra de una vivienda, se adquiera también una plaza de aparcamiento, entendiendo por tal tanto un espacio perfectamente delimitado y concreto como una mera porción indivisa de un local destinado al estacionamiento de vehículos.

La convivencia de diversas personas en un mismo edificio no es, por desgracia, siempre tan armónica como sería deseable, por lo que la Ley sobre Propiedad Horizontal regula los mecanismos judiciales que deben solucionar los conflictos que puedan surgir en las comunidades de propietarios, al mismo tiempo que ofrece el procedimiento adecuado para evitar que la mayoría de vecinos imponga decisiones arbitrarias que favorezcan sólo a algunos de ellos en claro perjuicio y detrimento de los demás.

Impuesto sobre bienes inmuebles

El impuesto sobre bienes inmuebles es un tributo municipal, regulado por la Ley de 28 de diciembre de 1988, que sustituyó, entre otros, a la contribución territorial (rústica y urbana), que los gravaba anteriormente. Se trata de un impuesto directo, de carácter real, cuyo hecho imponible está constituido por la mera propiedad de bienes inmuebles. Grava tanto a los inmuebles de naturaleza rústica como a los urbanos y, dentro de estos, concretamente a los edificios, cualquiera que sea el uso al que estén destinados.

Por lo tanto, los edificios de pisos en régimen de propiedad horizontal están sujetos al impuesto sobre bienes inmuebles (más conocido por sus iniciales, IBI).

El sujeto pasivo de este impuesto, puede ser:

— El propietario.
— El usufructuario.
— El superficiario.

En estos dos últimos casos, si existen tales derechos reales de usufructo o superficie sobre el inmueble, serán sus titulares los sujetos pasivos del impuesto, no los propietarios.

El propietario de un piso debe satisfacer, cada año, el impuesto sobre bienes inmuebles, que se devenga cada 1 de enero.

La base imponible de este impuesto es el valor del inmueble. En los de naturaleza urbana, su valor catastral, integrado por el valor del suelo y el del edificio. Sobre esta base imponible, debe aplicarse el tipo de gravamen correspondiente para calcular la cuota.

El tipo de gravamen, respecto a los inmuebles urbanos, dependerá en muy buena parte del número de habitantes del municipio donde se halle: a mayor número de habitantes, un tipo de gravamen más elevado.

Los valores catastrales se modificarán, de oficio o a instancia de la entidad local correspondiente, únicamente cuando el planeamiento urbanístico u otras circunstancias manifiesten diferencias sustanciales entre aquellos y los valores de mercado de los bienes inmuebles situados en el término municipal.

El impuesto sobre bienes inmuebles se devenga el primer día de periodo impositivo, que coincide con el año natural, por lo que el sujeto pasivo será, a los efectos legales, quien sea titular del piso el día 1 de enero, y ello con independencia de los pactos privados a los que, vendedor y comprador, hayan podido llegar (imaginemos el caso de una vivienda que se trans-

El IBI constituye una de las principales fuentes de ingresos de los ayuntamientos, puesto que se trata de un tributo de carácter local.

mite el día 1 de julio: parece justo que cada una de las partes satisfaga la mitad de la cuota del IBI). Si se producen variaciones de tipo físico, económico o jurídico en el edificio, tendrán efectividad en el periodo impositivo siguiente a aquel en el que hayan sucedido.

Este impuesto se gestiona a partir del padrón del mismo, que se elabora cada año en todos los municipios. Está a disposición del público en los respectivos ayuntamientos, y contiene el censo de los bienes inmuebles, sujetos pasivos y valores catastrales.

Tanto en el caso de construcciones nuevas como en el de alteraciones físicas, económicas o jurídicas de edificios preexistentes, los sujetos pasivos están obligados a comunicarlo al ayuntamiento, teniendo en cuenta los efectos que puedan surtir sobre el impuesto.

Propiedad de aparcamientos

Hoy en día es muy normal, dada la gran importancia que han adquirido los coches y su uso multitudinario cada vez más frecuente, que además de comprar un piso o un local, se adquiera una plaza de aparcamiento.

La adquisición de una plaza de aparcamiento también tiene su trascendencia jurídica, y una trascendencia económica bastante relevante, pues cada vez se revalorizan más estos pequeños espacios destinados a dejar los vehículos, que en la actualidad, por muchos y diferentes motivos como el que no haya casi espacios libres para aparcar, dado el alto grado de delincuencia sobre el robo de coches, etc., se valora más el poder dejar el coche en un lugar seguro.

Para la construcción del aparcamiento, se suelen aprovechar los espacios interiores de los inmuebles, los bajos y los sótanos de los edificios que se construyen. Estos espacios se dividen en subunidades independientes y delimitadas, destinadas al aparcamiento de vehículos, y en algunos casos también para trasteros.

En la práctica actual existen dos sistemas de adquisición o compra de plazas de aparcamiento. Se pueden adquirir como porción indivisa de un local, con derecho exclusivo de uso de un determinado espacio numerado y señalado en un plano que se adjunta al contrato o escritura notarial de compra. O sea, lo que se vende en realidad es una cuota indivisa del local donde se encuentra ubicada la plaza. Se debe especificar, asimismo, no sólo cuál es el espacio delimitado para su uso exclusivo, sino también cuáles van a ser los servicios comunes propios del local en su conjunto. También deben concretarse las cuotas correspondientes a cada plaza de aparcamiento, a efectos de la distribución de los gastos y cargas correspondientes.

En este primer caso, o sea, la adquisición de la plaza de aparcamiento como porción indivisa, da lugar a la constitución de una comunidad de bienes entre los distintos propietarios, y se rige por lo preceptuado en el artículo 392 y siguientes del Código Civil, aun cuando el local del que forman parte las porciones indivisas constituye una entidad independiente que se regula por la Ley sobre Propiedad Horizontal.

En este caso de comunidad de bienes, deberá fijarse quién representará a todos los copropietarios y será su portavoz. Para ellos, creemos que será aplicable el párrafo 2.° del artículo 15.1 de la Ley sobre Propiedad Horizontal que dice: «Si algún piso pertenece proindiviso a diferentes propietarios, estos nombrarán un representante para asistir y votar en las juntas». Pensamos que, aunque la ley nos hable de piso es un supuesto aplicable al tema que estamos tratando, o sea, que la entidad sótano-aparcamiento pertenezca a varios titulares, estos nombrarán un representante para asistir y votar en las juntas.

El segundo sistema de adquisición de una plaza de aparcamiento, es que se adquiera como entidad independiente, con un coeficiente determinado, e integrada en un local que forma parte a su vez de la mayor finca dividida en propiedad horizontal.

Como aparcamiento puede adquirirse una superficie concreta identificada numéricamente o una porción indivisa de un espacio que se utilice para el estacionamiento de vehículos, sin asignación de plaza fija.

En este supuesto, o sea, la adquisición como entidad independiente con coeficiente propio, se debe aplicar y se rige por la Ley sobre Propiedad Horizontal, igual que si se tratara de un piso o local.

El uso y disfrute de estas plazas de aparcamiento debe llevarse a cabo conforme al destino del local construido o según lo que se indique en el título constitutivo.

Cuestiones judiciales

En este apartado abordaremos el estudio y examen de los tres principales procedimientos judiciales que se contienen en la Ley sobre Propiedad Horizontal, de acuerdo con la redacción otorgada por la Ley 8/1999, de 6 de abril, y la posterior modificación acaecida a raíz de la promulgación de la Ley de Enjuiciamiento Civil del año 2000.

Acción para obtener la cesación de actividades molestas, insalubres, nocivas, peligrosas o ilícitas

Se trata de una actuación judicial que se dirige contra el ocupante o, caso de ser distinto, contra el propietario de un piso o local que lleve a cabo, en este o en el resto del inmueble, actividades prohibidas en los estatutos, que resulten dañosas para la finca o que contravengan las disposiciones generales sobre las actividades enumeradas.

Antes de entablar la demanda, que se substanciará de acuerdo las normas que regulan el juicio ordinario, el presidente de la comunidad debe requerir fehacientemente (por ejemplo, mediante notario) a quien realice las actividades prohibidas la inmediata cesación de las mismas.

Para interponer la demanda se exige la previa autorización de la junta de propietarios, debidamente convocada al efecto.

El derecho de los vecinos al descanso y a la seguridad se halla reconocido y amparado en la Ley sobre Propiedad Horizontal.

Presentada la demanda, el juez podrá acordar con carácter cautelar la cesación inmediata de la actividad prohibida, bajo apercibimiento de incurrir en delito de desobediencia, y podrá adoptar, asimismo, cuantas medidas cautelares fueran precisas para asegurar la efectividad de la orden de cesación.

Si la sentencia es estimatoria, podrá disponer, además, de la cesación definitiva de la actividad prohibida y la indemnización de daños y perjuicios que proceda, la privación del derecho del uso de la vivienda o local por tiempo no superior a tres años. Si el infractor no fuese el propietario, la sentencia podrá declarar extinguidos definitivamente todos sus derechos relativos a la vivienda o local así como su inmediato lanzamiento.

Acción de reclamación contra el vecino moroso

Tal vez la novedad más importante introducida por la Ley 8/1999 —modificada, a su vez, por la Ley 1/2000, de Enjuiciamiento Civil— fue la creación de un procedimiento judicial específico con la finalidad de evitar la existencia de cuotas pendientes de pago.

Una de las principales obligaciones de todo propietario de un piso o local, sito en un edificio constituido en régimen de propiedad horizontal, es la de contribuir a los gastos generales para el adecuado sostenimiento del inmueble y a la dotación del fondo de reserva que se constituye para atender las obras de conservación y reparación de la finca.

La Ley sobre Propiedad Horizontal dota a las comunidades de propietarios de un eficaz sistema de lucha contra la morosidad.

En caso de incumplimiento de esa obligación de pago, el presidente o el administrador, si así lo acordase la junta de propietarios, podrá exigirlo judicialmente a través del proceso monitorio.

La utilización de este procedimiento requerirá la previa certificación del acuerdo de la junta aprobando la liquidación de la deuda con la comunidad de propietarios, siempre que tal acuerdo haya sido notificado a los propietarios afectados.

Al deudor, indica expresamente la ley, se le podrá reclamar, además de la deuda estricta, el importe de los gastos del requerimiento previo de pago, siempre que estén acreditados; asimismo, quedará obligado al pago de los honorarios del abogado y procurador que hubiesen actuado en nombre de la comunidad, incluso si, según las normas procesales, su intervención no hubiera sido preceptiva.

Cuando el propietario anterior de la vivienda o local deba responder solidariamente del pago de la deuda, podrá dirigirse contra él la petición inicial, sin perjuicio de su derecho a repetir contra el actual propietario, y se podrá dirigir la reclamación contra el titular registral, quien gozará de este mismo derecho.

Si el deudor se opone al proceso monitorio, el acreedor podrá solicitar el embargo preventivo de bienes suficientes de aquel, para hacer frente a la cantidad reclamada, los intereses y las costas, que será acordado, en todo caso, sin necesidad de que el acreedor preste garantía alguna. La úni-

ESQUEMA DE ACTUACIONES ANTE EL IMPAGO DE CUOTAS

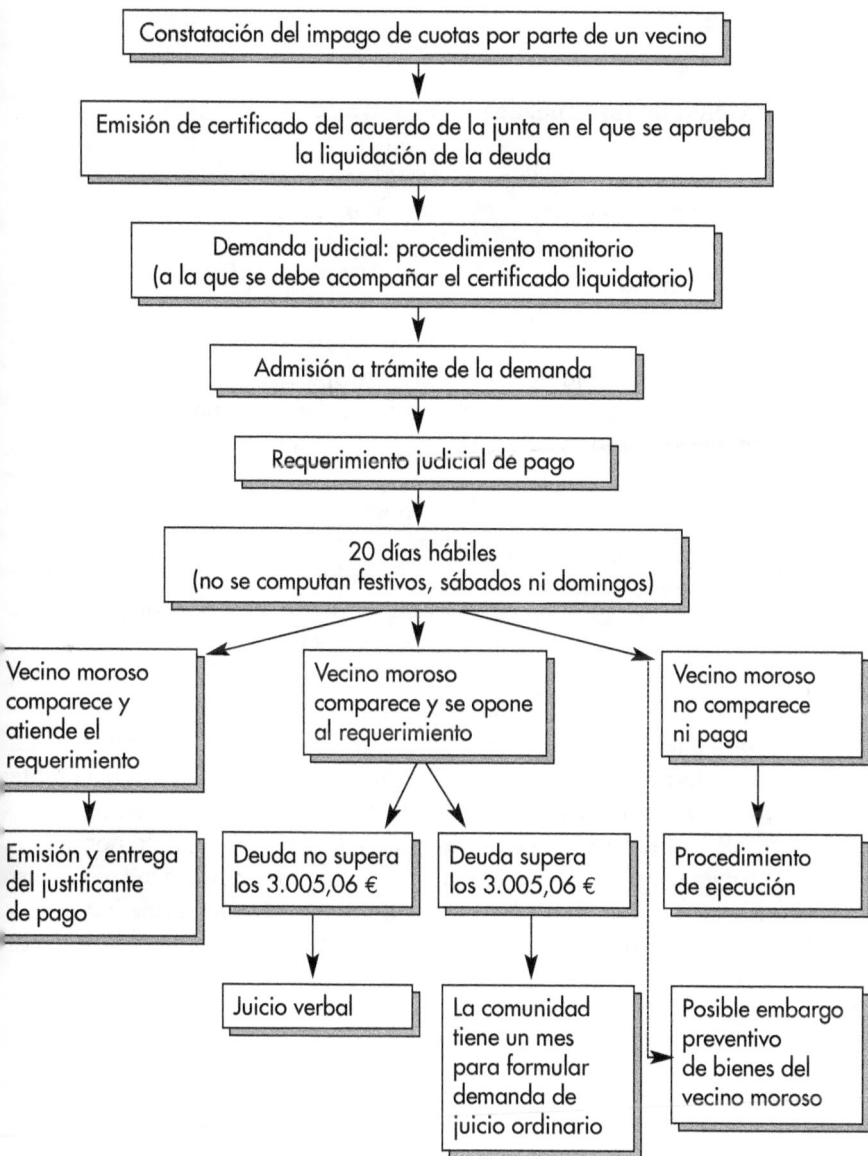

Constatación del impago de cuotas por parte de un vecino

↓

Emisión de certificado del acuerdo de la junta en el que se aprueba la liquidación de la deuda

↓

Demanda judicial: procedimiento monitorio (a la que se debe acompañar el certificado liquidatorio)

↓

Admisión a trámite de la demanda

↓

Requerimiento judicial de pago

↓

20 días hábiles (no se computan festivos, sábados ni domingos)

Vecino moroso comparece y atiende el requerimiento

Vecino moroso comparece y se opone al requerimiento

Vecino moroso no comparece ni paga

↓

Emisión y entrega del justificante de pago

Deuda no supera los 3.005,06 €

Deuda supera los 3.005,06 €

Procedimiento de ejecución

↓

Juicio verbal

La comunidad tiene un mes para formular demanda de juicio ordinario

Posible embargo preventivo de bienes del vecino moroso

ca forma de que el deudor pueda dejar sin efecto el embargo será si aporta aval bancario.

Impugnación de los acuerdos de la junta de propietarios

Los acuerdos de la junta de propietarios son impugnables ante los tribunales, de conformidad con lo establecido en la legislación procesal general, en los siguientes supuestos:

a) Cuando sean contrarios a la ley o a los estatutos de la comunidad de propietarios.

b) Cuando resulten gravemente lesivos para los intereses de la propia comunidad en beneficio de uno o varios propietarios.

c) Cuando supongan un grave perjuicio para algún propietario que no tenga obligación jurídica de soportarlo o se hayan adoptado con abuso de derecho.

El plazo general para impugnar los acuerdos de la junta de propietarios es de tres meses.

Podrán impugnar los acuerdos los propietarios que hubiesen salvado su voto en la junta, los ausentes por cualquier causa y los que indebidamente hubiesen sido privados de su derecho de voto.

Para impugnar los acuerdos de la junta, el propietario deberá estar al corriente en el pago de la totalidad de las deudas vencidas con la comunidad, o proceder previamente a la consignación judicial de las mismas. La única excepción la constituye la impugnación de los acuerdos de la junta relativos al establecimiento o alteración de las cuotas de participación.

La acción caducará a los tres meses de adoptarse el acuerdo por la junta de propietarios, salvo que se trate de actos contrarios a la ley o a los estatutos, en cuyo caso la acción caducará al año. La impugnación de los acuerdos de la junta no suspenderá su ejecución, salvo que el juez así lo disponga.

CAPÍTULO VIII

Formularios

MODELO DE ACTA DE ELECCIÓN DE CARGOS

De junta extraordinaria, sin necesidad de convocatoria por asistencia de todos los propietarios.

En la ciudad de ...., siendo las .... horas del día .... del mes de .... del año...., se reúnen en junta extraordinaria todos los propietarios que componen la comunidad del edificio sito en esta ciudad, calle (avenida o plaza) .... n.° ...., sin previa convocatoria, según el derecho que les confiere el párrafo 3.° del artículo 16.° de la Ley sobre Propiedad Horizontal.

Se abre la sesión, y los reunidos acuerdan (por unanimidad o por mayoría, determinando los votos a favor y en contra, o según las cuotas de participación), designar para los cargos de:

Presidente: D. ....
Secretario: D. ....
Administrador: D. ....

Todos ellos aceptan y asumen en este mismo acto las funciones propias de sus cargos.

No habiendo más asuntos que tratar, se levanta la sesión a las .... horas. En prueba de conformidad firman todos los asistentes a la junta, de todo lo cual, como secretario en funciones, doy fe.

Deben firmar el presidente, el secretario, el administrador y todos los asistentes.

MODELO DE ACTA DE JUNTA PARA REMOVER CARGOS

En la ciudad de ...., siendo las .... horas del día .... del mes de .... del año...., se reúnen en junta extraordinaria (u ordinaria), previa convocatoria de .... (presidente o promotores de la junta cuyos nombres y apellidos se consignarán), la comunidad de propietarios de la finca sita en esta ciudad, calle (avenida o plaza) .... n.° ...., bajo la presidencia de D. ...., con asistencia del secretario D. ...., del administrador D. .... y de los siguientes propietarios:

D. ....
D. ....
D. .... (indicar nombres y apellidos de todos los asistentes)

No asisten, pero han comunicado su inasistencia: D. .... (también relacionarlos).

No asisten ni han justificado su inasistencia: D. .... (relacionarlos).

Se abre la sesión y el secretario da lectura al acta de la junta anterior, que es aprobada (o no, o rectificada).

Se pasa al 2.° punto del orden del día, relativo a la reclamación efectuada por los Sres. ...., titulares de los pisos ...., contra el administrador Sr. .... (o cualquier otro cargo).

El presidente otorga la palabra a D. ...., para que exponga su reclamación. El Sr. .... hace uso de la palabra y expone (las razones que crea convenientes).

El Sr. ...... (el administrador, o la persona que ostente el cargo que se quiera remover) también toma la palabra y dice ......

La junta, habiendo deliberado, estima que en efecto, el administrador D. .... no ha actuado con la diligencia debida. Es por ello que por .... (unanimidad o mayoría) (determinada de votos o cuotas de participación), la junta acuerda remover de su cargo al administrador D. ....

La junta nombra nuevo administrador a D. ...., por .... (unanimidad o mayoría determinada de votos o cuotas de participación), el cual, presente en la junta, acepta y asume en este mismo acto las funciones propias del cargo. (Caso de no asistir el designado para el cargo, se acordará comunicarle el nombramiento a los efectos de su aceptación).

Y no habiendo más asuntos que tratar, se levanta la sesión a las ....
horas. En prueba de conformidad firman todos los asistentes a la junta, de
todo lo cual, como secretario en funciones, doy fe.

(Firmas del presidente, secretario y administrador, y de todos los asistentes a la junta).

MODELO DE CONVOCATORIA DE JUNTA ANUAL ORDINARIA

Convocatoria efectuada por el presidente de la comunidad.

Según lo dispuesto en el artículo 16.° de la Ley sobre Propiedad Horizontal, le convoco a la junta anual ordinaria de esta comunidad de propietarios, que se celebrará el día .... de .... (especificar el mes) del año ...., a las .... horas, en el piso .... puerta ...., y a las .... en segunda convocatoria (como mínimo debe convocarse media hora después de la primera) con arreglo al siguiente:

ORDEN DEL DÍA

1.° Lectura y aprobación en su caso, del acta de la junta anterior.
2.° Aprobación, si es posible, del presupuesto anual de gastos previsibles y de las cuentas presentadas por el administrador.
3.° ....
4.° ....
5.° ....
(todas cuantas cuestiones crea conveniente el presidente)
6.° Ruegos y preguntas.

En la ciudad de .... a .... de .... del año....

Firmado: el presidente

La citación debe dirigirse y entregarse en el domicilio en España que hubiere designado el propietario, y en su defecto, en el piso o local de la comunidad que le pertenezca.

MODELO DE CONVOCATORIA HECHA POR PROMOTORES DE UNA JUNTA

Los que suscriben la presente, miembros de la junta de propietarios de esta comunidad, haciendo uso de lo dispuesto en el párrafo 1.° del artículo 16.° de la vigente Ley sobre Propiedad Horizontal, y cuyas cuotas de participación sumadas ascienden al veinticinco por ciento (siempre debe ser este el mínimo, pudiendo ser más) de la totalidad, en defecto del presidente (se puede especificar, si se quiere, la causa), le convocan a usted a la junta general extraordinaria que se celebrará en primera convocatoria el día .... de ...., a las .... horas, en el piso (o local) .... puerta ...., y media hora más tarde en el mismo lugar y fecha, en segunda convocatoria si fuera necesario, con arreglo al siguiente:

ORDEN DEL DÍA

1.° Lectura y aprobación, en su caso, del acta de la junta anterior.
2.° ....
3.° ....
4.° ....
5.° Ruegos y preguntas.

En la ciudad de .... a .... de .... del año....

Firmada por los propietarios cuyas cuotas ascienden al veinticinco por ciento, o más.

MODELO DE NOTIFICACIÓN AL INASISTENTE A LA JUNTA

Comunidad de propietarios de
c/ .... n.º ....
de ....
En la ciudad de .... a .... de ....

Sra. D.ª ....
c/ .... n.º .... piso .... puerta ....
de ....

Muy Sra. mía:
Por la presente le comunico que la junta ordinaria (o extraordinaria) celebrada el día .... de los corrientes, a la que se le citó a usted reglamentariamente, y no asistió, acordó por mayoría (o unanimidad, en su caso) lo que a continuación se detalla:

1.º ....
2.º .... (detallar los acuerdos adoptados).

Todo lo que se le notifica a usted en la forma y a los efectos prevenidos en el artículo 17.º de la vigente Ley sobre Propiedad Horizontal. Asimismo, se le informa de que todos los acuerdos aquí relacionados le vincularán de conformidad a lo previsto en la citada ley, si en el plazo establecido legalmente no impugna los mismos.
Le ruego acuse recibo de la presente, firmando el duplicado que se le adjunta, para que quede debida constancia de ello en la comunidad.
Atentamente.

Firmado: el presidente   Recibí el original
                                          Firma propietario

MODELO DE CARTA COMUNICANDO AL SECRETARIO EL CAMBIO DE TITULARIDAD DE UNA VIVIENDA

M.D.F.
c/ .... n .° ....
de.........

Lugar y fecha

Sra.
B.T.P.
Ciudad

Señora:

Le dirijo la presente en su calidad de secretaria de la comunidad de propietarios del inmueble sito en esta ciudad, calle ...., n.° ......

Por la presente le notifico mediante fax, a todos los efectos y, muy especialmente, a los derivados de la responsabilidad que se establece en el artículo 9.1. de la vigente Ley sobre Propiedad Horizontal, que a partir del próximo día .... de los corrientes, la vivienda 4.° 3.ª del inmueble de constante mención pasará a ser propiedad de D.ª C.A.J., puesto que trasladaré mi residencia a otra ciudad.

En consecuencia le ruego, a partir de la indicada fecha, dirija a nombre de la nueva titular del piso 4.° 3.ª D.ª C.A.J., los correspondientes recibos y la correspondencia propia de la comunidad.

Sin otro particular, atentamente,

Firmado: M.D.F.

MODELO DE REQUERIMIENTO A UN PROPIETARIO U OCUPANTE DEL PISO O LOCAL

Comunidad de propietarios de
c/ .... n.° ....
de ....

En la ciudad de .... a .... de .... de ....

Sr. D. ....
c/ .... n.° .... local ....
de ....

Muy Sr. mío:
Por la presente le comunico que en varias ocasiones he recibido quejas referentes a que en el local .... que usted ocupa, se producen ruidos molestos (o cualquier otra queja que se haya formulado) que impiden el merecido descanso de los demás copropietarios, lo que constituye una infracción a lo previsto en el reglamento de régimen interior de esta comunidad.

Es por ello, que me dirijo a Vd., para apercibirle de que cesen inmediatamente dichas molestias, advirtiéndole que en caso de que no ocurra así, se dará cuenta a la junta de propietarios, la que podrá proceder contra Vd. por vía judicial.

En espera de que atenderá Vd. este requerimiento, le saluda atentamente.

Firmado: el presidente   Recibí el original

Firmado y fecha
El propietario u ocupante

MODELO DE PRESUPUESTO DE GASTOS

Comunidad de propietarios de
c/ .... n.º ....
de ....

Presupuesto de gastos previsibles para el año....

I) Gastos comunes a pisos y locales:

Conserje	...... euros.
Alumbrado exterior	...... euros.
Reparaciones	...... euros.
Suministro de agua	...... euros.
Seguro de incendios	...... euros.
Jardinería	...... euros.
Varios	...... euros.

II) Gastos comunes a pisos:

Seguro de ascensor	...... euros.
Alumbrado de la escalera	...... euros.
Encargado de la limpieza	...... euros.

Para poder determinar la cantidad mensual que debe satisfacer cada propietario en concepto de provisión de fondos, se tendrá en cuenta la cuota de participación o coeficiente de cada uno de ellos.

Vemos que se hace una diferencia entre los gastos que afectan exclusivamente a pisos, y los que afectan a pisos y locales, en común, por lo que deben clasificarse por separado para encontrar la correspondiente cuota de participación, sumando, en lo que respecta a los pisos, las partidas resultantes por cada uno de los grupos.

MODELO DE CARTA DE UN PROPIETARIO DIRIGIDA AL PRESIDENTE, PARA LA REALIZACIÓN DE OBRAS

Sr. D. ....
c/ .... n.° ....
de ....

En la ciudad de .... a .... de .... del año....

Sr. D. ....
Presidente de la comunidad de propietarios de
c/ .... n.° ....
de ....

Muy Sr. mío:
Le envío la presente en cumplimiento de lo ordenado en el párrafo 1.° del artículo 7.° de la vigente Ley sobre Propiedad Horizontal, y le notifico que me propongo realizar en el piso de mi propiedad sito en esta finca, las obras que a continuación se detallan:

— ....
— ....
— ....(especificar las obras que se vayan a realizar).

Ninguna de tales obras mencionadas altera la seguridad del edificio, cuestión que en caso de duda, se puede confirmar con la intervención de un técnico de confianza.

(Caso de obras exteriores, no deben alterar la estructura general del edificio, su configuración ni su estado exterior).

Aprovecho la oportunidad para saludarle atentamente.

Firmado: el propietario

MODELO DE CARTA DE UN PROPIETARIO DIRIGIDA AL ADMINISTRADOR, POR REPARACIÓN URGENTE DE UN ELEMENTO COMÚN

Sr. D. ....
c/ .... n.° .... piso .... puerta ....
de ....

En la ciudad de .... a .... de .... del año....
Sr. D. ....
Administrador de la finca de
c/ .... n.° ....
de ....

Muy Sr. mío:
En cumplimiento de lo dispuesto en el párrafo 2.° del artículo 7.° de la vigente Ley sobre Propiedad Horizontal, le comunico que el cañizo del piso .... puerta .... de esta finca, del que soy propietario, está cediendo de un modo alarmante, por lo que temo se derrumbe repentinamente en caso de fuertes lluvias. De esta manera, entiendo que la reparación tiene un carácter urgente. Le ruego haga lo necesario para que la misma se realice con la mayor brevedad posible y con cargo a los fondos de la comunidad, por razón de ser la cubierta un elemento común, según indican los estatutos de esta comunidad y el artículo 396 del Código Civil.

En espera de verme atendido a la mayor brevedad posible y en bien de la comunidad, le saluda atentamente.

Firmado: el propietario

MODELO DE ESCRITO AUTORIZANDO A OTRO
PARA ASISTIR A LA JUNTA

Por medio de escrito

D. ...., propietario del piso .... puerta .... de la casa sita en esta ciudad, calle .... n.° ...., haciendo uso de lo dispuesto en el párrafo 1.° del artículo 15.° de la vigente Ley sobre Propiedad Horizontal, autorizo y delego a D. .... para que en mi nombre y representación asista a la junta general .... (ordinaria o extraordinaria), que según la convocatoria efectuada se celebrará el próximo día ...., pudiendo intervenir en la misma en mi nombre y con las facultades de voz y voto que me corresponderían personalmente.

En la ciudad de .... a .... de .... del año ....

Firmado: el propietario

Por medio de carta

Sr. D. ....
c/ .... n.° .... piso .... puerta ....
de ....

En la ciudad de .... a .... de .... del año ....

Sr. D. ....
Presidente de la comunidad de propietarios de
c/ .... n.° ....
de ....

Muy Sr. mío:
Por medio de la presente le comunico que autorizo y delego en D. .... para que en mi nombre y representación asista a la junta general .... (ordinaria o extraordinaria), que según convocatoria efectuada, se celebrará

130

en el día de hoy (o expresar en qué otro día), pudiendo intervenir en la misma en mi nombre y con las facultades de voz y voto que me corresponderían al asistir personalmente. Todo ello en uso del derecho que me confiere el párrafo 1.° del artículo 15.° de la vigente Ley sobre Propiedad Horizontal.

Atentamente, le saluda.
Firmado: el propietario

CAPÍTULO IX

Glosario

Abandono. Acto de libre voluntad del propietario por medio del cual, desamparando o desposeyéndose de una cosa, da por extinguido su derecho de dominio sobre ella.

Acta. Documento que contiene los hechos, acontecimientos, declaraciones de voluntad, o cualquier otro evento con trascendencia jurídica, con el objeto de facilitar una prueba fehaciente de los mismos.

Actividades prohibidas. Conjunto de actividades que, según la Ley sobre Propiedad Horizontal, no está permitido desarrollar en un piso o local que se halle en un edificio constituido en dicho régimen. Bajo esta denominación se engloban las actividades dañosas, las incómodas, las insalubres, las molestas, las nocivas y las peligrosas.

— *Actividades dañosas.* Actos irresponsables de una o más personas que perjudican al conjunto de la comunidad e inmueble.
— *Actividades incómodas.* Actos de los ocupantes de un inmueble que molestan a los demás vecinos dificultando la convivencia entre ellos.
— *Actividades insalubres.* Las causantes de desprendimiento o evacuación de productos que puedan resultar directa o indirectamente perjudiciales para la salud de las personas.
— *Actividades molestas.* Las que perturben la tranquilidad de los convecinos y que constituyan una incomodidad por los ruidos o vibraciones que produzcan o por los humos, gases, olores, polvos en suspensión u otras sustancias.

— *Actividades nocivas.* Las que pueden causar daños a la salud o a los bienes de los vecinos restantes.

— *Actividades peligrosas.* Las que tengan como fin fabricar o almacenar productos susceptibles de originar riegos graves por explosiones, combustiones, radiaciones u otras de análoga importancia para las personas o bienes.

Administrador. Uno de los órganos de gobierno de la comunidad de propietarios, cuya existencia no es imperativa según la Ley sobre Propiedad Horizontal. El administrador será elegido por la junta de propietarios, por mayoría; puede pertenecer o no a la comunidad. Puede desempeñar el cargo una persona física o bien una persona jurídica.

Administrador de fincas. Profesional colegiado responsable de una comunidad de propietarios y de sus bienes y derechos.

Alteraciones. Intervenciones que afectan a la configuración externa del inmueble o a su estructura y pueden obligar a actualizar lo establecido en el título constitutivo de la propiedad horizontal.

Ascensor. Elemento común de acceso al edificio, que suele comprender, además del aparato —ascensor o montacargas—, el entramado de sustentación de poleas y maquinaria, foso y el cuarto de máquinas, en la parte inferior y superior del recorrido, puertas de acceso, línea general para alimentación del ascensor, cuadro de distribución, etc.

Contribución urbana. Antigua denominación del actual impuesto sobre bienes inmuebles (véase *IBI*).

Convocatoria. Las convocatorias a las juntas las hace el presidente, o en su defecto, los promotores de la reunión, con seis días de antelación en el caso de la junta ordinaria; también si lo solicitan la cuarta parte de los propietarios o un número que alcance al menos el veinticinco por ciento de las cuotas de participación. Cualquier propietario tiene derecho a pedir que la junta estudie y se pronuncie sobre un tema; para ello deberá dirigir un escrito al presidente.

Costas judiciales. Gastos que se ocasionan a las partes con motivo de un proceso judicial. Se dice que una parte es condenada en costas cuando tiene que pagar, por ordenarlo así la sentencia, no sólo sus gastos propios, sino también los de la contraria.

Cuota de participación. A cada piso o local se atribuirá una cuota de participación con relación al total del valor del inmueble y referida a centésimas del mismo. La cuota servirá de módulo para determinar la participación en las cargas y beneficios por razón de la comunidad.

La cuota expresa un módulo para cargas, el valor proporcional del piso y cuanto a él se considera unido en el conjunto del inmueble, el cual se divide así económicamente en fracciones o cuotas.

Derrama. Reparto de un gasto eventual y, más señaladamente, de una contribución.

Deuda. Deber jurídico que consiste en realizar a favor del acreedor una prestación que consiste en pagar, satisfacer o reintegrar a otro una cosa, por lo común, dinero.

División. Operación por la que una finca inscrita en el Registro de la Propiedad se escinde en dos o más porciones, formando fincas nuevas.

Elementos comunes. Partes del edificio necesarias para el adecuado uso y disfrute de todos los propietarios del edificio sujeto al régimen de propiedad horizontal.

— *Elementos comunes por destino.* Elementos que, en concepto de anejos, se adscriben especialmente al servicio de todos o de algunos de los propietarios singulares, como aparcamientos exteriores, zonas ajardinadas, vivienda destinada al portero del inmueble, etc.

— *Elementos comunes por naturaleza.* Elementos inherentes al derecho singular de propiedad de cada uno de los espacios delimitados susceptibles de aprovechamiento independiente.

Elementos privativos. Los diferentes pisos o locales de un edificio, o partes de ellos, que son susceptibles de aprovechamiento independiente por tener salida propia a un elemento común de aquel o a la vía pública, suficientemente delimitados, con los elementos arquitectónicos e instalaciones de todas clases, aparentes o no, que estén comprendidos dentro de sus límites y sirvan exclusivamente al propietario, así como los anexos que expresamente hayan sido señalados en el título constitutivo, aunque se hallen fuera del espacio delimitado.

Embargo ejecutivo. Primer paso de la venta forzada de un bien del deudor, que con esa medida queda sometido a la disposición del juez, quien establece, de acuerdo con las previsiones de la ley, las condiciones de subasta.

Embargo preventivo. Medida cautelar adoptada por la autoridad judicial para asegurar el resultado de un proceso y que recae sobre determinados bienes cuya disponibilidad se impide. El embargo preventivo se traba para evitar que resulte ilusoria una futura sentencia judicial; impide que el deudor, durante la tramitación de un pleito, se desprenda de bienes y con ello se torne insolvente.

Estatutos. Conjunto de reglas que la ley permite que sean establecidas por el propietario único o por la unanimidad de los propietarios de los diferentes pisos o locales de la finca correspondiente, que desenvuelven y complementan el régimen, constituyendo un elemento accesorio del título constitutivo de la propiedad por pisos o locales, sin perjuicio de ulteriores modifi-

caciones de los mismos estatutos, y cuyas reglas afectan también a terceros adquirientes de tales pisos o locales una vez alcancen los mismos publicidad registral o resulten conocidos por estos.

Expropiación forzosa. Privación singular de la propiedad privada o de derechos e intereses patrimoniales legítimos, cualesquiera que sean las personas o entidades a los que pertenezca, acordada imperativamente por la administración.

Gastos generales. Los que son consecuencia del mantenimiento, reparación y conservación del edificio, que no pueden ser individualizados ni repartidos.

IBI. Siglas del impuesto sobre bienes inmuebles; tributo de carácter real y municipal que grava la mera propiedad de un piso, un local o una plaza de aparcamiento, con independencia de la finalidad a la que se destine y el rendimiento que proporcione.

Impugnación. Acto de atacar, contradecir o refutar una actuación, en este caso, los acuerdos de la junta de propietarios constituida en régimen de propiedad horizontal.

Instalaciones. Conjunto de aparatos y accesorios que se colocan en un inmueble para un determinado uso o servicio.

Junta de propietarios. Órgano de gobierno de la comunidad de propietarios. Se trata de la reunión de los propietarios que forman la propiedad horizontal. Pueden ser de dos tipos:

— *Junta ordinaria.* Convocada para aprobar los presupuestos y cuentas de la comunidad. Ha de celebrarse al menos una vez al año.
— *Junta extraordinaria.* Se puede celebrar tantas veces como se crea necesaria para tratar asuntos concretos y tomar decisiones.

Libro de actas. Documento que en legal forma se debe llevar en los edificios en régimen de propiedad horizontal para consignar los acuerdos comunitarios.

Local de negocio. Departamento cuyo destino primordial no sea la vivienda, sino el de ejercerse en ella con establecimiento abierto, una actividad de industria, comercio o enseñanza con fin lucrativo, aunque los que la ocupen tengan en él su vivienda.

Mayoría absoluta. En una votación se obtiene mayoría absoluta en una propuesta cuando esta es aceptada o rechazada por la mitad más uno de los votos posibles.

Mayoría simple. Número mayor de votos en una votación, sin llegar a la mayoría absoluta.

Mejoras necesarias. Las que tienen como función no la de aumentar el valor de las cosas, sino evitar su destrucción o pérdida, es decir, conservar su valor.

Portería. Pieza contigua a la entrada del edificio en la que está situado el portero. También recibe este nombre la vivienda de ese portero.

Presidente. Persona que ostenta la representación de la comunidad en juicio y fuera de él en todos los asuntos que la afecten. Este cargo recae en uno de los propietarios. Puede nombrarse mediante elección, turno rotatorio o sorteo. Es un cargo obligatorio y anual, excepto que los estatutos indiquen otro plazo. El presidente puede ejercer a su vez como administrador y secretario si así lo indican los estatutos.

Propiedad horizontal. Régimen jurídico de un edificio en que junto a elementos privativos (locales, vivienda) existen otros comunes, por ser necesarios para el adecuado uso y disfrute de aquellos. El régimen de propiedad horizontal es dual, es decir, propiedad privativa sobre el piso y copropiedad sobre lo que es común.

Quórum. Número mínimo de personas o votos necesarios en la junta general para considerar válida la toma de ciertos acuerdos. La primera convocatoria siempre está sujeta a quórum, es decir, que la celebración de la reunión de la junta de propietarios depende de que asista un número determinado de participantes; en concreto, es preciso que acuda la mayoría de los propietarios que a su vez representen más de la mitad de las cuotas de participación. Si durante la primera convocatoria no se cumple este requisito, habrá que celebrar una segunda convocatoria que no estará sujeta a quórum.

Reglamento de régimen interior. Normas de regulación de los detalles de la convivencia y la adecuada utilización de los servicios y cosas comunes, exclusivamente dentro de los límites fijados por la ley y los estatutos. Se equiparan a acuerdos comunitarios.

Terraza. Cubierta plana descubierta o balconada amplia, ligeramente elevada o al mismo nivel que la planta baja del edificio desde la que se accede.

Título constitutivo de la propiedad horizontal. Acto o declaración expresa por el cual el propietario o propietarios del inmueble —construido, en construcción o simplemente en proyecto— adscriben este al régimen de propiedad horizontal y proceden a la determinación y descripción del edificio, de sus diferentes departamentos, fijando y estableciendo las cuotas de participación y, en su caso, los estatutos o reglas que han de regir la comunidad, si dentro de los límites de tolerancia legal desean en alguna medida contemplar, modalizar o modificar el régimen previsto por la ley.

Usufructo. Cesión del uso y disfrute de un bien a otra persona, que no la titularidad. Las partes son: el usufructuario, que es quien goza del bien, y el nudo propietario, quien ostenta la titularidad del mismo.

Vicepresidente. Cargo opcional cuya existencia es decidida por la junta de propietarios. Para su nombramiento se siguen las mismas pautas que para el nombramiento del presidente de la comunidad. Sus funciones se concretan en sustituir al presidente en caso de ausencia, vacante o imposibilidad, y asistirle en el ejercicio de sus funciones.

www.ingramcontent.com/pod-product-compliance
Lightning Source LLC
Chambersburg PA
CBHW072351090426
42741CB00012B/3008